SPANNUNG & WISSEN!

DINOSAURIER

HEATHER AMERY

PREMIO

Als Dinosaurier

Lange bevor auf der Erde Menschen lebten, gehörte die Welt den Dinosauriern! Diese erstaunlichen Geschöpfe erschienen erstmals vor 228 Millionen Jahren. Ihr Name bedeutet „schreckliche Echse"; tatsächlich handelt es sich bei diesen vorgeschichtlichen Reptilien nicht um Echsen, viele waren auch nicht besonders schrecklich (außer für Pflanzen!). Manche waren nicht größer als ein Huhn, andere waren länger als drei Omnibusse hintereinander. Ob sie nun knie- oder haushoch waren, die Dinosaurier beherrschten die Erde 160 Millionen Jahre lang.

DIE ZEIT DER DINOSAURIER

Die Dinosaurier lebten im Mesozoikum, dem Erdmittelalter, das vor 245 Millionen Jahren begann und vor 65 Millionen Jahren endete. Jede der drei Perioden des Mesozoikums hat ihre eigenen Dinosaurier-Typen. In der Trias (vor 248–206 Mio. Jahren) lebten die ersten Dinosaurier, wie der *Herrerasaurus,* aber auch schon die ersten Säugetiere. Im Jura (vor 206–142 Mio. Jahren) gab es Pflanzenfresser wie *Stegosaurus* und Fleischfresser wie *Allosaurus.* Die Kreidezeit (vor 142–65 Mio. Jahren) war die Zeit von *Iguanadon* und *Deinonychus* und – leider – das Ende des Dinosaurierzeitalters.

RABENMÜTTER?

Wie die meisten Reptilien legten die Dinosaurier Eier, aus denen die Jungen schlüpften. Lange Zeit dachten die Paläontologen, die Dinosaurier hätten sich hauptsächlich um das eigene Überleben gekümmert und mit Brutpflege nicht viel im Sinn gehabt. Doch mittlerweile geben uns Fossilien Hinweise darauf, dass manche Dinosaurier ihre Jungen nach dem Schlüpfen beschützten und fütterten, wie z. B. ein Pflanzenfresser der Kreidezeit. Paläontologen gaben ihm den Namen Maiasaura oder „gute Mutterechse".

regierten

AUSGEGRABEN

Wenn Dinosaurier starben, verwesten ihre Leichen in der Regel vollständig. Doch bei entsprechenden Bedingungen versteinerten die Knochen im Laufe der Zeit. Anhand dieser Überreste, der sogenannten Fossilien, erforschen Paläontologen, wie Dinosaurer aussahen, wie sie sich bewegten und was – oder wen! – sie fraßen. Fossilien von vorgeschichtlichen Tieren und Pflanzen findet man in der ganzen Welt – womöglich im eigenen Garten!

Wissenschaftler glauben, dass Hunderte von Dinosauriergattungen noch zu entdecken sind. Wir sollten anfangen zu graben – vielleicht entdecken wir eine wissenschaftliche Sensation!

Mächtige Fleisc

Die furchterregenden fleischfressenden Dinosaurier hätten wohl keinen Beliebtheitswettbewerb gewonnen. Manche, wie der kürzlich entdeckte **Gigantosaurus**, waren riesengroß; es gab aber auch kleine Fleischfresser wie **Compsognathus**, der nur hühnergroß wurde. Alle aber fraßen das Gleiche – **FLEISCH** – und besaßen die Mittel, es zu bekommen. Wenn ihre dolchähnlichen **Reißzähne** ausfielen oder abgenutzt waren, wuchsen ihnen neue nach. Diese Tiere brauchten keinen Zahnarzt!

Was Dinosaurier fraßen, erkennen Paläontologen an Koprolithen – so bezeichnet man versteinerte Exkremente.

LAUF UM DEIN LEBEN!

Einige der gefährlichsten fleischfressenden Dinosaurier waren klein, aber schnell – und gut bewaffnet! *Deinonychus* etwa war nur 3,5 Meter lang, aber flink und brutal. Mit der langen, gebogenen Kralle an beiden Hinterfüßen (sein Name bedeutet „schreckliche Kralle") könnte er seine Beute aufgeschlitzt haben. Sein Gehirn war verhältnismäßig groß – schlecht für seine Opfer!

hfresser

FRISS ODER STIRB!

Manche pflanzenfressenden Dinosaurier mögen von sanftem Gemüt gewesen sein, doch sie haben sich nicht unbedingt kampflos ergeben. In der Mongolei, in der Wüste Gobi, fand man die Knochen eines fleischfressenden *Velociraptor* („schneller Räuber") und die eines pflanzenfressenden *Protoceratops* an derselben Stelle. Offenbar hatten die beiden bis zum für beide bitteren Ende miteinander gekämpft. So viel zu Fastfood!

BEWAFFNET UND GEFÄHRLICH

Der bis zu 11 Meter lange *Allosaurus* war der oberste Jäger des Jura. Er besaß einen mächtigen Schwanz und drei starken Krallen an jedem Fuß; mit seinen dolchähnlichen Zähnen konnte er Fleisch leicht zerreißen. Ihm war wohl keine Beute zu zäh!

Der gewaltige Fleischfresser Megalosaurus oder „großes Reptil" erhielt als erster Dinosaurier einen Namen. Als man seinen Beinknochen ausgrub, glaubte man zuerst, die Gebeine eines Riesen gefunden zu haben.

Pflanzenfresser:

Die größten Lebewesen, die je auf der Erde herumliefen, waren die pflanzenfressenden Dinosaurier. Beim **Mamenchisaurus** hatte allein der Hals schon eine Länge von 12 Metern – wie ein Omnibus. Ein anderer Langhals, **Seismosaurus**, war womöglich fast 40 Meter lang – wie zwei Kegelbahnen. Die Pflanzenfresser suchten etwas zu fressen, aber keinen Streit. Von ihnen hatten andere Dinosaurier nichts zu befürchten. Ein Fleischfresser aber, der sie reizte oder gar angriff, konnte etwas erleben: Die drei Kopfhörner und der gepanzerte Hals des **Triceratops** machten ihn zu keiner leichten Beute für Fleischfresser. Und **Ankylosaurus** trug eine steinharte Kugel am Schwanzende, die er wie eine Keule gegen Angreifer schwang.

WEHRHAFTE VEGETARIER

Stellen wir uns langhalsige Reptilien vor: so hoch wie sechs Männer, von denen jeder auf den Schultern des anderen steht, und so schwer wie ein Dutzend Elefanten! *Brachiosaurus* war zu massiv, um sich schnell zu bewegen. Aber mit seinem mächtigen Schwanz konnte er Angreifer des Jura wie *Allosaurus* und *Ceratosaurus* in Schach halten. Mit seinen baumstarken Gliedmaßen kam er nur langsam voran, doch vielleicht konnte er, auf den Hinterbeinen sitzend, mit den Vorderbeinen seinen Feind zerschmettern.

KAMPF UM LIEBE

Der pflanzenfressende *Pachycephalosaurus* war ein echter Dickschädel! Seine massive Schädeldecke war 25 Zentimeter dick. Falls die Männchen, wie manche Wissenschaftler annehmen, während der Brunftzeit durch Kopfstöße miteinander um die Weibchen kämpften, waren solche eingebauten Schutzhelme gewiss nützlich.

Sanfte Riesen?

WAFFEN ODER NUR WETTERSCHUTZ?

Der befremdlich wirkende *Stegosaurus* war den Paläontologen lange Zeit ein Rätsel. Heute wird allgemein angenommen, dass seine dreieckigen Knochenplatten in einer Reihe auf seinem Rücken saßen und zum Wärmeaustausch dienten. Vermutlich richtete *Stegosaurus* seine Platten nach der Sonne aus, um die wärmenden Strahlen einzufangen; ein Luftzug entlang der Platten wiederum kühlte seinen Körper ab. Die Platten könnten auch Raubsaurier abgeschreckt haben; sie waren aber nicht sehr robust. Allerdings hätte er mit den einen Meter langen, lanzenähnlichen Stacheln an seinem Schwanz eine wirksame Waffe besessen.

Der arme Stegosaurus ist nicht nur von trauriger Gestalt, sein walnussgroßes Gehirn ist auch das kleinste aller Dinosaurier.

Bei den Überresten einiger pflanzenfressender Dinosaurier fand man glattgeschliffene Kiesel. Die Tiere könnten, wie einige Vögel heute, die Steine geschluckt haben, um die Zerkleinerung der Nahrung im Magen zu unterstützen.

Tyrannosaurus:

Woran denken wir beim Wort „Dinosaurier"? Wahrscheinlich an T. rex! **Tyrannosaurus rex** – der Name bedeutet „König der Schreckensechsen" – war mit Sicherheit einer der größten, hungrigsten und wildesten fleischfressenden Dinosaurier. Aufgerichtet war er 6 Meter hoch und 13 Meter lang, er hatte massive Hinterbeine, riesige, mächtige Kiefer – und einen gewaltigen Appetit! 1993 fanden Paläontologen Überreste eines anderen fleischfressenden Dinosauriers, der anscheinend noch größerer und wilder war als **Tyrannosaurus.** Gleichwohl wird **T. r.** auch weiterhin in der Phantasie jedes Dino-Fans eine große Rolle spielen.

TYRANN ODER ABFALLTONNE?

T. rex war gewiss wie eine Killermaschine ausgestattet. Doch mit seinem massigen Körper und seinen kurzen, für das Ergreifen von Beute wohl nutzlosen Armen kann *Tyrannosaurus* kein tüchtiger Jäger gewesen sein. Vermutlich fraß er zumeist kranke oder verletzte Dinosaurier – oder gar Aas. Man stelle sich vor: Ein König als Resteverwerter!

Der Ex-König

Um einen *Tyrannosaurus rex* zu füttern, würde man pro Jahr 290 Lehrer benötigen!

UNZERKAUT SCHLUCKEN

Tyrannosaurus rex war gewiss ein Großmaul! Sein Kopf war groß wie ein Kühlschrank, in sein geöffnetes Maul hätte ein Mensch gepasst, den er in einem Stück hinuntergeschlungen hätte. Mit seinen gebogenen, spitzen Zähne, länger als eine Menschenhand, konnte er ein Opfer erdolchen und dann zerreißen. Er konnte aber nicht kauen und musste jeden Bissen hinunterwürgen. Unglaubliche Tischsitten!

SUPER-REX

Im Jahr 1990 wurde eines der größten und vollständigsten *Tyrannosaurus*-Skelette in South Dakota, USA, ausgegraben und nach seiner Entdeckerin „Sue" genannt. Dieser versteinerte Dinosaurier war ein harter Bursche: Etliche seiner Knochen waren gebrochen und wieder verheilt. Die Knochenbrüche rührten vielleicht von Kämpfen mit anderen *T.-Rex* her.

DER WAHRE KÖNIG

Giganotosaurus – der Name bedeutet „riesige Echse des Südens" – wurde 1993 in Argentinien entdeckt. Als sich herausstellte, dass Schädel und Hüftknochen größer als die von „Sue" waren, war *Tyrannosaurus* kein König („rex") mehr! Wie lange wird *Giganotosaurus* wohl die Nummer 1 bleiben? Seine Herrschaft kann jederzeit enden, denn jedes Jahr werden neue Dinosaurier-Arten entdeckt. Bis dahin: Lang lebe der König!

Die wahren See

Während Dinosaurier die Erde durchstreiften, beherrschten ebenso beeindruckende Wesen die Meere. Viele dieser Ungeheuer der Ozeane waren ehemalige Landbewohner, die sich an das Leben im Wasser angepasst hatten. Doch auch wenn sie aussahen wie Fische, blieben sie Reptilien und mussten regelmäßig, wie Wale und Delphine, zum Atmen an die Oberfläche kommen. Die urzeitlichen Seeungeheuer gab es in allen Gestalten und Größen, manche mit langen Kiefern voller rasiermesserscharfer Zähne. Eines der größten war **Kronosaurus**. Er lebte von Tintenfischen, Haien – und anderen schwimmenden Reptilien.

Bestens erhaltene Fossilien lassen vermuten, dass Ichthyosaurier keine Eier legten, sondern ihre Jungen lebend im Wasser zur Welt brachten.

AUF FISCHFANG

Ichthyosaurier wie dieser 15 Meter lange *Shonisaurus* waren meisterliche Schwimmer in den Meeren der Vorzeit. In Aussehen und Verhalten glichen sie heutigen Delphinen, sie waren nur viel, viel größer. Mit stromlinienförmigem Körper, Rückenflosse und kräftigem Schwanz rasten die Ichtyosaurier mit 40 km/h durchs Wasser. Beute, die sie mit ihren großen Augen ausmachten, fassten sie mit ihren langen, zahnbesetzten Kiefern.

ungeheuer

MONSTER ODER MYTHOS?

Über Sichtungen von Seeungeheuern wird weltweit berichtet. Am berühmtesten ist „Nessie" in Schottland, das sogenannte Ungeheuer von Loch Ness. Nach den Berichten – und einem gefälschten Foto – ähnelt es einem Plesiosaurier. Kaum jemand glaubt heute an die Existenz solcher Monster ... aber wer weiß!

IM RAUSCH DER TIEFE

Mit ihrem dünnen Hals und und ihrem unförmigen Körper mögen Plesiosaurier plump ausgesehen haben, aber dank ihrer Paddel-ähnlichen Flossen waren sie sehr wendig und konnten bei hoher Geschwindigkeit ihre Beute mit den scharfen Zähnen erfassen. Um tief zu tauchen, schluckten sie mitunter Steine als Ballast.

Furchterregende

In vorgeschichtlichen Zeiten beherrschten Reptilien nicht nur Land und Wasser, sondern tummelten sich auch in der Luft. Die **Pterosaurier** besaßen Flügel aus Haut; sie fraßen Land- und Wassertiere. Manche waren nur spatzengroß, andere hatten die Spannweite eines Kleinflugzeugs – und messerscharfe Zähne!

Quetzalcoatl war der größte Flugsaurier aller Zeiten. Er segelte oder glitt auf Luftströmungen; seine riesigen Schwingen konnte er vielleicht gar nicht zusammenfalten. Seine Spannweite von 12 Metern entsprach der eines zweisitzigen Flugzeugs.

DER KNÜLLER

Der ulkig aussehende *Pteranodon* erbeutete Fische. Er besaß einen spitzen Schädelkamm und ein noch spitzeres Maul. *Pteranodon* durchstreifte das Wasser, erspähte Fische und verschlang sie in einem Stück – wie die Pelikane heute.

Flieger

ANPASSUNG IM FLUG

Rhamphorynchus, einer der frühen Pterosaurier, konnte mit seinen spitzen Zähnen Fische aufspießen. Sein langer, dünner Schwanz half ihm vermutlich beim Manövrieren. Spätere Flugsaurier wie *Quetzalcoatl* hatten einen viel kürzeren Schwanz und einen längeren Hals.

ENDLICH FEDERN!

Archäopterix – der Name bedeutet „alter Flügel“ – ist das erste bekannte fliegende Reptil mit gefiederten Flügeln. Aber er war kein Vogel! Sein Skelett erweist ihn als Reptil mit Dinosaurier-ähnlichen Zähnen und Krallen an den Flügeln, mit denen er auf Bäume geklettert sein könnte. Manche Wissenschaftler halten ihn eher für einen Gleiter – der nicht vom Boden abheben konnte.

Das Ende der Dino

Die Dinosaurier (und ihre luft- und wasserbewohnenden Verwandten) herrschten 165 Mio. Jahre lang. Doch vor 65 Mio. Jahren verschwanden sie alle. Was war geschehen? Wurden sie alle auf einmal getötet, oder starben sie im Laufe eines Jahres, eines Jahrzehnts, eines Jahrtausends aus? Löschte eine einzige Katastrophe das vorgeschichtliche Leben aus, oder kamen mehrere Ursachen zusammen? Es gibt dafür etliche Theorien. Aber was wirklich mit diesen erstaunlichen Wesen geschah, werden wir wohl nie erfahren. Immer wieder gibt es neue Spekulationen über das Ende der Dinosaurier.

TÖDLICHE VULKANE

Eine Theorie führt das Aussterben der Dinosaurier auf Vulkanausbrüche im heutigen Indien am Ende der Kreidezeit zurück. Dabei gelangte so viel Lava, Vulkanasche und giftige Gase nach oben, dass die Dinosaurier den Klimawandel nicht überlebten. Ein Beispiel für die Gefahren des Passivrauchens!

saurier

LICHT AUS UND ENDE

Am Ende der Kreidezeit könnte ein riesiger Meteorit von über 10 Kilometern Durchmesser auf die Erde gestürzt sein. Die ungeheuren Staubwolken, die der Einschlag aufwirbelte, hätten das Sonnenlicht für Wochen oder Monate ferngehalten. Zahlreiche kleine Tiere (Säugetiere, Vögel, Insekten) überlebten diesen „Urknall". Doch ohne Sonnenlicht starben die meisten Pflanzen ab. Die Dinosaurier mussten verhungern oder überstanden die vom Mangel an Sonnenlicht verursachte Kälte nicht.

ES IST EINFACH ZU KALT

Eine weniger dramatische Erklärung für das Dinosauriersterben ist, dass sich das Erdklima allmählich änderte – und ebenso die Lebewesen. Das ehemals tropische Klima auf der Erde wurde trockener und kühler – günstig für manche Tiere, aber verheerend für die wärmebedürftigen Dinosaurier.

Die folgenden Erklärungen für das, was mit den Dinosauriern geschah, kann man glauben oder nicht:

Sie fraßen alle Pflanzen und verhungerten anschließend.

Rattengroße Säugetiere fraßen ihre Eier.

Wesen aus dem Weltraum brachten sie von der Erde weg (vielleicht lebt *Velociraptor* auf dem Mars und *Maiasaura* auf der Venus!)

Hat jemand eine bessere Theorie?

SPANNUNG & WISSEN!

EISZEIT

PAUL HARRISON

WAS WAR DIE EIS

Von einer Eiszeit sprechen wir, wenn die Temperaturen auf der Erde fallen und über einen langen Zeitraum niedrig bleiben und die Polkappen sich ausbreiten. Es hat bereits eine Reihe von Eiszeiten gegeben. Normalerweise ist mit „Eiszeit" die Kälteperiode gemeint, die vor etwa 2,5 Millionen Jahren begann und vor etwas 10000 Jahren endete.

WIE SAH ES DAMALS AUS?

Bei „Eiszeit" denken wir an Schnee und Eis, an Kälte und an zottelige Tiere, die ausgestorben sind. Tatsächlich bedeckten zeitweilig riesige Eisschilde die Erdoberfläche. Zu anderen Zeiten war das Klima jedoch mild, und das Eis zog sich nach Norden zurück; die Temperaturen stiegen, bevor es erneut kalt wurde.

WIE ENTSTAND DIE EISZEIT?

Die Erde wird von der Sonne erwärmt. Jede Veränderung im Umlauf der Erde um die Sonne kann die Temperaturen stark beeinflussen. Manchmal ist die Achse, um die die Erde rotiert, stärker gegenüber ihrer Bahn um die Sonne geneigt, manchmal weniger. Je nachdem erwärmt sich dadurch die Erde stärker, oder aber sie kühlt ab. Während der letzten Eiszeit war die Nordhalbkugel vermutlich weiter von der Sonne abgewandt als heute, wodurch es in unseren Breiten kühler wurde.

ZEIT?

WO SIND SIE HIN?

Das Ende der Eiszeit war doppelt bemerkenswert: Es wurde deutlich wärmer, und viele Tierarten starben aus. Wir wissen nicht genau, warum. Möglich ist, dass sie von den Menschen zu stark bejagt wurden. Vielleicht vertrugen sie die Wärme nicht. Vielleicht kamen sie mit der veränderten Pflanzenwelt nicht zurecht.

Manche Wissenschaftler meinen, dass wir noch immer in der Eiszeit leben, allerdings in einem der wärmeren Abschnitte.

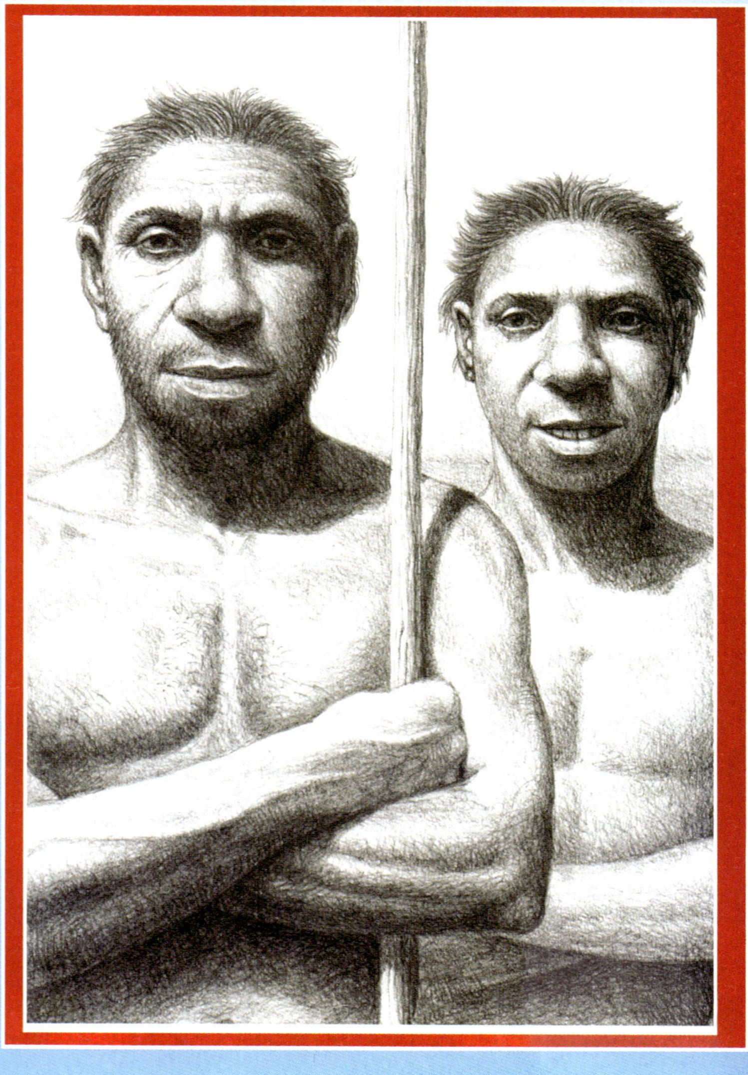

DER MENSCH ERSCHEINT

Während der Eiszeit erscheint auch der Mensch. Auf der Nordhalbkugel tritt zuerst *Homo heidelbergensis* (von dem zuerst in Heidelberg Überreste gefunden wurden) auf. Später folgt der Neanderthaler (dessen Überreste man zuerst im Neandertal bei Düsseldorf entdeckte). Warum ist der Mensch, anders als viele Tiere, nicht ausgestorben? Er wusste sich anzupassen, arbeitete im Team, stellte Werkzeuge her und entwickelte eine Sprache. Vermutlich sind viele Tierarten nicht ausgestorben, sondern wir Menschen haben sie ausgerottet.

HAARIGE BIESTER

In kalter Umgebung zieht man sich am besten warm an. Das taten auch viele Tiere während der letzten Eiszeit. Sie legten sich ein dichtes, zotteliges Fell zu, mit dem sie der Kälte trotzten.

ÖHRCHEN

Das *Mastodon* sieht einem Mammut sehr ähnlich, es handelst sich jedoch um eine ganz andere Tierart. Es besaß stärkere Stoßzähne und andere Backenzähne, denn statt Gras fraß es Laub. Wie das Mammut hatte es sehr kleine Ohren, was den Wärmeverlust gering hielt. Man sollte auch so wenig von seinem Körper wie möglich der Kälte aussetzen.

WÜTEND

Über ganz Europa verbreitet war das Wollnashorn. Dieses zweihörnige Untier war nahe mit dem heutigen Sumatranashorn verwandt. Mit etwa 3,5 Metern Länge war es gewiss sehr eindrucksvoll, aber nicht im Vergleich zu einem anderen Nashorn der Eiszeit, das auf dem Gebiet des heutigen Russlands lebte und zweimal so groß war. Nashörner sind bekanntlich meist übel gelaunt; diesem Tier ging man also besser aus dem Weg.

GUT ANGEPASST

Unter den Tieren der Eiszeit war der Moschusochse durch sein langes, dichtes Fell besonders gut an die kalte Umgebung angepasst. Seine heute lebenden, um einen halben Meter kleineren Verwandten stehen unter Schutz, nachdem sie durch die Jagd fast ausgerottet wurden.

Mammuts besaßen Hautlappen, mit denen Sie die kalte Luft von ihrem Hinterteil fernhielten.

SCHNEEPFLUG

Wenn von der Eiszeit die Rede ist, denken wir vor allem an ein bestimmtes Tier: das Wollhaarmammut. Tatsächlich gab es mehrere Mammut-Arten, und nicht alle trugen ein zotteliges Fell. Ein Merkmal, das allen Mammuts gemeinsam war, stellen die riesigen, spiralförmigen Stoßzähne dar. Man nimmt an, dass die Tiere mit ihren Stoßzähnen den Schnee beiseite räumten, um das darunterliegende Gras zu fressen. Sie waren gleichsam behaarte Schneepflüge.

KILLER AUS DER KÄLTE

Schon seit Urzeiten gibt es Tiere, die andere Tiere fressen – selbstverständlich auch während der Eiszeit. Die damals lebenden Fleischfresser ähnelten den heutigen weitgehend, sie waren nur größer.

DER KILLER MIT DEN DOLCHEN

Der berühmteste Fleischfresser der Eiszeit war *Smilodon*, der Säbelzahntiger. Er war kein Vorfahr der heutigen Tiger, aber so groß wie heute lebende Großkatzen und viel stämmiger. Diese riesigen Fangzähne sehen wirklich gefährlich aus; damit konnte *Smilodon* das Fell eines Beutetiers durchbohren, aber keine Knochen zermalmen. Säbelzahntiger konnten deshalb ihre Beute nicht aufbrechen, um alles Fleisch zu fressen; andernfalls hätten sie riskiert, ihre wertvollen Fangzähne zu beschädigen.

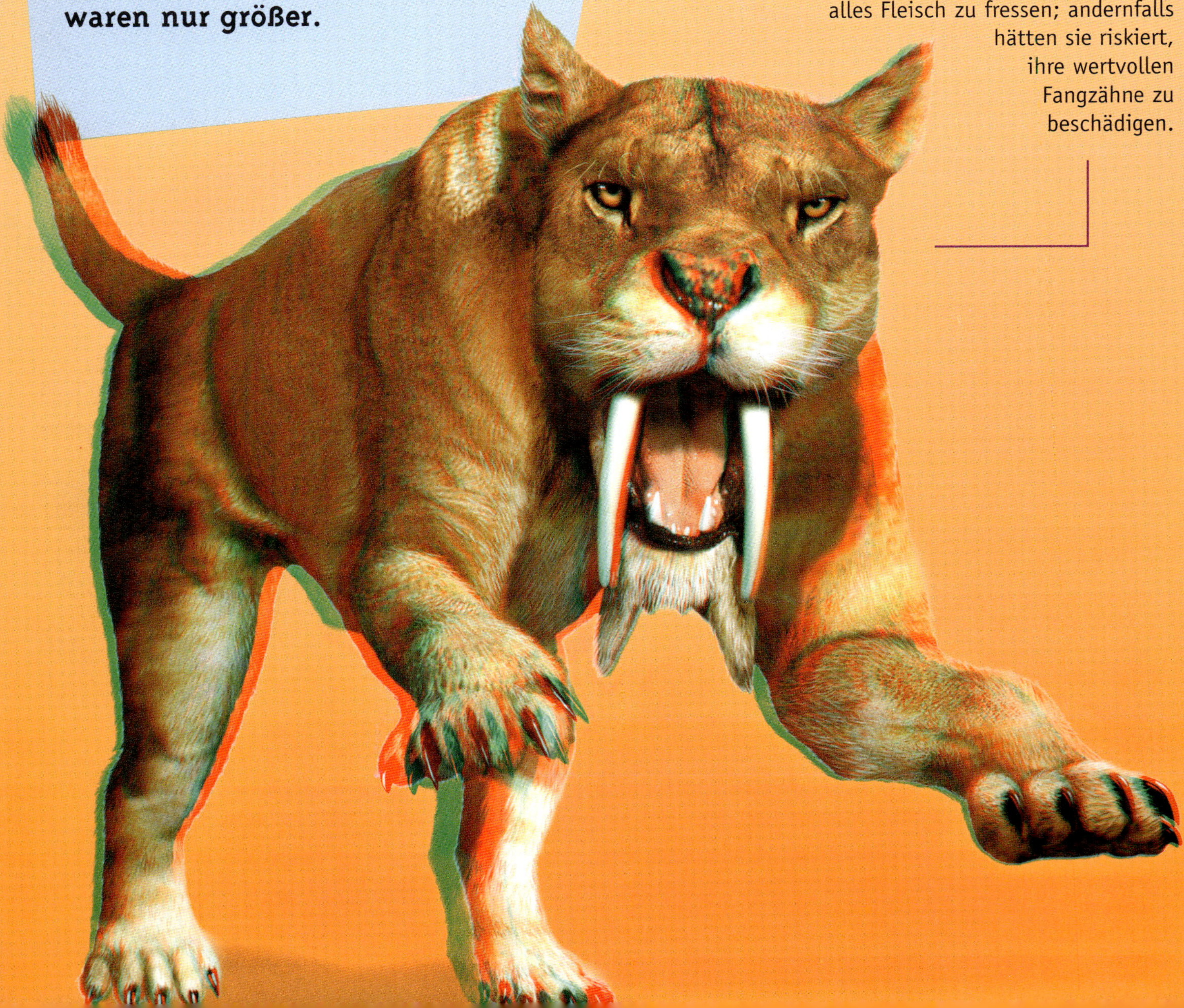

KAHL

Der mächtigste Löwe, der je auf der Erde lebte, machte sich im eiszeitlichen Europa über Pflanzenfresser ebenso wie über arglose Fleischfresser her. Der sogenannte Höhlenlöwe war ungefähr 3 Meter lang und damit deutlich größer als heutige Löwen. Allerdings besaßen Höhlenlöwen keine Mähne – umso merkwürdiger, als Haare doch gut gegen die Kälte sind!

KURZ UND LANG

Der größte Fleischfresser der Eiszeit war *Arctodus,* der Kurznasenbär. Seine Schnauze war kürzer war als bei heutigen Bären, doch in jeder anderen Hinsicht war er riesig. Wenn er sich auf die Hinterbeine stellte, hatte er eine Größe von über 3 Metern – größer noch als der größte Bär heute, der Eisbär. Aber war er ein „Killer"? Nicht ausschließen lässt sich, dass er ein Aasfresser war und sogar Beeren zu sich nahm. Solche Nahrung verschmähen auch die Bären heute nicht.

Das größte Landraubtier war der einem Wolf ähnelnde Adrewsarchus, der in der in der heutige Mongolei lebte und etwa 5 Meter lang wurde.

UMZINGELT

Ein verbreiteter Jäger der Eiszeit war *Canis dirus,* den heutigen Wölfen – die nicht von ihm abstammen – ähnlich, jedoch etwas größer. Es war wohl ein schwacher Trost für mögliche Beutetiere, dass er kürzere Beine hatte als die jetzt lebenden Wölfe und vermutlich langsamer lief. Dafür jagte er nämlich im Rudel, so dass kaum ein Entkommen war. Außerdem besaß er sehr große Zähne.

Einfach Riesig

Zu den Merkmal der Eiszeit gehört, dass viele Tierarten deutlich größer als heute waren. Tiere mit einem Gewicht über 44 Kilogramm rechnet man zur sogenannten Megafauna (den Ausdruck könnte man mit „Großtierwelt" übersetzen).

Riesenholzfäller

Tiere, die uns heute recht klein erscheinen, wurden während der Eiszeit oftmals sehr groß. Der Biber beispielsweise erreichte die Größe eines Bären. Wie groß waren wohl die Bäume, die er mit den Zähnen fällen konnte!

Superfaul

Heutige Faultiere sind träge wirkende Tiere, die so wenig wie möglich tun und fast den ganzen Tag an Bäumen hängen. Sie sind nicht eigentlich faul; wenn sie sich nicht bewegen, werden sie nicht so leicht von Räubern entdeckt. In der Eiszeit waren einige Faultiere durch ihre schiere Größe vor Angreifern sicher. Am gewaltigsten war *Megatherium:* etwa 6 Meter lang und so schwer wie ein Elefant. Dieser Riese konnte natürlich nicht auf Bäumen leben; aber wer ihn angriff, lernte seine kräftigen Arme mit den scharfen Krallen kennen.

HÜPF, HÜPF ...

Megafauna gab es auf der ganzen Welt. In Australien lebte *Procoptodon,* ein riesiges Beuteltier. Es war ungefähr doppelt so groß wie die heutigen Kängurus, hatte jedoch eine kürzere Schnauze. Doch mit ihm war nicht zu spaßen: An beiden Füßen besaß es eine große Kralle!

Glyptodon war eine Art Gürteltier von der Größe eines Kleinwagens!

IRISCHER RIESE

Den heutigen männlichen Hirschen wächst alljährlich ein Geweih. Je größer das Geweih, desto besser sind ihre Chancen, sich fortzupflanzen. Doch selbst die größten hätten gegenüber dem Kopfschmuck des *Megaloceros,* auch als Irischer Elch bezeichnet, armselig gewirkt. Seine Geweihstangen konnten 3,5 Meter lang werden, das Tier selbst erreichte 2 Meter Schulterhöhe und war damit der größte Hirsch aller Zeiten. Sein Fleisch muss gut geschmeckt haben, denn es scheint, dass er vor 7500 Jahren ausgerottet wurde.

NICHT UNGEWÖHNLICH

Weil das Klima während der Eiszeit so oft zwischen warm und kalt wechselte, konnten sich die auf ein- und demselben Gebiet lebenden Tierarten im Laufe der Zeit stark verändern. Diese ständigen Veränderungen führten mitunter zu erstaunlichen Ergebnissen.

DEN BUCKEL RUNTER

Kamele vermutet man für gewöhnlich in Gegenden, wo es trocken und sandig ist. Doch bis vor etwa 11 000 Jahren lebten sie auch in Amerika. Die gefundenen Überreste lassen vermuten, dass diese ausgestorbene Kamel ähnlich aussah wie das heutige Zweihöckrige Kamel oder Trampeltier *(Camelus bactrianus)*. Vielleicht besaß es überhaupt keine Höcker.

AHOI, IHR DA DRÜBEN!

Lange nahm man an, das Pferd sei erst von den Spaniern nach Amerika eingeführt worden. Das ist nur teilweise richtig: Als Kolumbus Amerika 1492 entdeckte, gab es auf dem Kontinent keine Pferde mehr, und die Mustangs stammen von entlaufenen Pferden ab. Allerdings hatten dort bis vor der letzten Eiszeit Pferde gelebt. Sie wanderten über die Beringstraße nach Asien; alle noch in Amerika lebenden Pferdearten sind vor 10 000 Jahren ausgestorben.

WIE IN AFRIKA

Sieht man Elefanten wandern und ein Flusspferd im Wasser, dann befindet man sich ziemlich sicher in Afrika – außer, man lebt in der Eiszeit. Dann könnte man auch in London sein! Vor über 120 000 Jahren wäre es ein alltäglicher Anblick in weiten Teilen Englands gewesen. Zum Glück gibt es heute keine Flusspferde in der Themse.

In den USA lebte Miracinonyx, eine Art Gepard. Es war vermutlich das schnellste Raubtier weit und breit.

MINI-MAMMUT

Viele Tiere der Eiszeit waren größer als ihre modernen Verwandten, einige waren jedoch kleiner. Eine kleinere Mammut-Art lebte auf dem Gebiet der heutigen Santa-Barbara-Inseln (vor der Küste des südlichen Kaliforniens). Mit einer Schulterhöhe von 170 cm war sie kleiner als die meisten erwachsenen Menschen heute. Noch andere Tierarten hatten Zwergwuchs. Offenbar passen Tiere sich in der Größe an ihren Lebensraum an; auf kleine Inseln passen besser kleine Tiere.

MENSCHENLEBEN

Dass unsere Vorfahren geistig beschränkt waren ist ein Vorurteil. Unter einem Höhlenbewohner stellen wir uns einen grunzenden Keulenschwinger in Tierfellen vor. Doch die Menschen der Eiszeit waren viel intelligenter; sie haben schließlich überlebt.

AUSGEMUSTERT ODER AUSGEROTTET?

Die Neanderthaler waren ein Zweig der menschlichen Familie und an das Leben während der Eiszeit gut angepasst. Mit ihrer stämmigen Gestalt konnten sie der Kälte standhalten. Heute weiß man, dass sie nicht nur sehr kräftig, sondern auch durchaus intelligent waren. Dennoch starben sie vor etwa 28 000 Jahren aus. Früher wurde angenommen, der Neanderthaler sei mit dem wärmer gewordenen Klima nicht zurechtgekommen; heute hält man es für möglich, dass sein Konkurrent, *Homo sapiens,* ihn ausgerottet hat.

GEWONNEN!

Gegen Ende der Eiszeit erschien unser direkter Vorfahr, *Homo sapiens* („der vernunftbegabte Mensch"). Im Vergleich zu den Neanderthalern waren unsere Vorfahren größer und schlanker und hatten längere Gliedmaßen. Sie konnten sich auf dem vom Eis befreiten Boden besser bewegen. Sie stellten bessere Werkzeuge und Waffen her; später betrieben sie auch Landwirtschaft. Vermutlich hat diese vielseitige Begabung uns Menschen so lange überleben lassen.

WANDALEN?

Die Menschen der Eiszeit hatten eine Gewohnheit, die den Wissenschaftlern von heute sehr nützlich ist: Sie schmückten die Wände ihrer Höhlen mit Malereien. Oft sind es Jagdszenen und Tierbilder. Diese Kunstwerke sind von unschätzbarem Wert, denn sie geben uns Hinweise darauf, wie die Menschen damals lebten und wie sie die Welt sahen. Die Graffiti an unseren Hauswänden schätzen wir weniger.

Manche Wissenschaftler nehmen an, dass wir von nur 10 000 Menschen der Art Homo sapiens abstammen.

AUSGEROTTET

Lange glaubte man, unsere Vorfahren hätten Tiere wie das Mammut ausgerottet. In der Tat haben die Menschen der Eiszeit diese Tiere gejagt: Beispielsweise trieben sie die Beutetiere auf Abhänge zu, von denen sie hinabstürzten, oder sie fingen sie in Fallgruben. Doch die Menschen allein sind nicht für das Ende dieser Tiere verantwortlich, heute sucht man die Ursache eher im Klimawandel.

WOHER GEWUSST?

Wissenschaftler machen sich ein Bild von der Vergangenheit anhand der Überreste der jeweiligen Zeit. Aus der Eiszeit hat sich vieles erhalten, und so wissen wir viel darüber, wie Menschen und Tiere damals gelebt haben.

ZURÜCK VON DEN TOTEN

Einige Mammut-Überreste sind so gut erhalten, dass Wissenschaftler an die Möglichkeit glauben, Mammuts sozusagen von den Toten aufzuerwecken. Dazu würde man Erbgut aus den Körperzellen dieser Mammuts mit dem Erbgut ihres nächsten Verwandten, des Indischen Elefanten, kombinieren, diese Arten also kreuzen. Dies wäre aber wohl schwer zu verwirklichen – und vielleicht gar nicht wünschenswert.

Wir wissen, was Mammuts fraßen, weil man in den Mägen gefrorener Mammuts die Überreste ihrer Mahlzeiten gefunden hat.

KLEBRIGES ENDE

Asphalt ist ein natürlich vorkommender Stoff und klebrig wie Teer. In Rancho La Brea in den USA liegen große Asphalt-Tümpel, in denen über Hunderttausende von Jahren Tiere versunken sind. Deren Knochen sind weder verwest, noch wurden sie zerstreut. Deshalb sind die in La Brea gefundenen Fossilien bestens erhalten. Und es sind Tausende, darunter die von Wölfen, Mammuts und Säbelzahntigern.

GUT ERHALTEN

Stell Dir vor, Du gehst spazieren und triffst auf ein Mammut! Genau dass kann passieren, wenn Du in der russischen Tundra umherstreifst. Selbstverständlich sind die dort gefundenen Mammuts nicht mehr am Leben; jedoch sind einige von ihnen vollständig erhalten. In der Tundra ist es ja kalt, und der große Vorteil der Kälte ist, dass sie, wie eine Kühltruhe, alles konserviert. Allerdings wirst Du wohl kaum Tiere der Eiszeit in der Kühltruhe vorfinden.

KLIMAANZEIGER

In Europa und Amerika liegen Höhlen, in denen sowohl Menschen als auch Tiere gelebt haben. Oft liefern sie wertvolle Erkenntnisse über das Leben damals. Denn außer Knochen – zumeist Überreste von Mahlzeiten – findet man dort auch Blütenpollen. Anhand der Pollen weiß man, welche Pflanzen zur jeweiligen Zeit wuchsen, und daraus schließt man auf das Klima.

Bildnachweis:
AKG: Seite 12, unten links; Seite 13, unten rechts.
Corbis: Seite 2, unten links; Seite 5, oben und unten; Seite 12, oben rechts.
FLPA: Seite 10, oben rechts.
Getty Images: Seite 6; Seite 11, unten.
Natural History Museum: Seite 9, unten links.
Rex Features: Seite 2, oben rechts; Seite 13, oben rechts; Seite 14, unten links.
Science Photo Library: Seite 3, unten rechts; Seite 4, oben und unten; Seite 8.
Abbildung auf Seite 7 mit freundlicher Genehmigung von Indiana State Museum and Historic Sites. Abbildung auf Seite 15 mit freundlicher Genehmigung von Shropshire County Museum Service.
3-D-Bilder von Pinsharp 3D Graphics

SPANNUNG & WISSEN!

RAUBKATZEN

PAUL HARRISON

Was sind Raubka

Die Geschichte der Katze reicht über 30 Millionen Jahre zurück. An der Spitze der Familie der Katzen stehen die Raubkatzen. Obwohl es sich um eine weniger festgefügte Gruppe handelt, denkt man, wenn von Raubkatzen die Rede ist, oft an Tiger, Löwen, Leoparden, Geparde, Pumas und Jaguare.

WAS FÜR GROSSE ZÄHNE

30 Millionen Jahre Geschichte haben einige außerordentliche Katzen hervorgebracht. Zu den berühmtesten gehört die Säbelzahnkatze, auch Säbelzahntiger genannt. Dieses furchterregende Raubtier besaß ein kräftiges Paar spitzer Zähne, die es in seine Beute stieß. Es lebte in Nord- und Südamerika – und zu unserem Glück ist es vor etwas zehntausend Jahren ausgestorben.

SO SIND KATZEN

Alle Katzen – ob niedliche Hauskatze oder majestätischer Löwe – gleichen sich im Prinzip. Alle können sehr gut riechen und sehen und halten sich gern sauber. Alle Katzen sind Karnivoren (Fleischfresser) – und je größer die Katze, desto mehr muss sie fressen.

Freilebende Großkatzen gibt auf allen Kontinenten, außer der Antarktis, Australien und Europa.

tzen?

STETS BEDROHT

Obwohl ausgezeichnete Jäger, sind viele Katzenarten vom Aussterben bedroht. Einige werden wegen ihres Fells gejagt, das für Mäntel oder als Vorleger dient; oder man tötet sie wegen der angeblichen heilenden oder stärkenden Wirkung ihrer Knochen und Zähne. Auch wenn sie unter Schutz stehen, fallen sie Wilderern zum Opfer. Ihre Lebensräume werden durch die Ausdehnung menschlicher Siedlungen immer kleiner. Kommen Menschen und Katzen einander zu nahe, entstehen Probleme, besonders, wenn hungrige Katzen Nutztiere reißen.

STILL UND HEIMLICH

Gepunktet, gestreift oder einfach überall dunkelbraun – jeder Typ von Katzenfell dient dem gleichen Zweck: der Tarnung. Sämtliche Raubkatzen müssen sich ihre Nahrung erjagen; je länger sie für die Beute unsichtbar sind, desto größer sind die Chancen, Beute zu machen.

WAS WIRD GETAN?

Viele Organisationen bemühen sich um den Schutz der Raubkatzen, indem sie z.B. die Menschen über die Bedeutung der Raubkatzen für die lokale Wirtschaft aufklären: Eine tote Katze bringt dem Wilderer Gewinn, aber nur eine lebende lockt wohlhabende und spendable Touristen ins Land. Farmer dulden Raubkatzen, wenn sie für jedes gerissene Stück Vieh entschädigt werden.

Tiger

Unter den Raubkatzen erkennt man den Tiger mit seinem orange-rot gestreiften Fell sofort. Er ist auch die größte der Raubkatzen, mit dem Sibirischen oder Amurtiger als größter Art. Diese mächtigen Tiere werden bis zu 4 Meter lang und so schwer wie vier Menschen.

WO SIND SIE ZU HAUSE?

Tiger kommen in Indien, Sibirien und Südostasien vor. Heute leben noch fünf Arten von Tigern, doch sie waren ehemals über ein viel größeres Gebiet verbreitet.

GUTE MUTTER

Tiger sind Einzelgänger, wie die meisten Raubkatzen, außer wenn eine Tigermutter ihre Jungen aufzieht. Tigerjunge bleiben für ungefähr zwei Jahre bei ihrer Mutter, bis sie sich auf die Suche nach einem eigenen Territorium machen. Die Mutter bringt ihnen alles bei, was sie für das Überleben auf freier Wildbahn brauchen – vor allem, wie man Beute macht.

MENSCHENFRESSER

Tiger gehören zu den wenigen Raubkatzen, die bisweilen auch auf Menschen Jagd machen. Dies gilt vor allem für die Sunderban-Region in Bengalen. Dieses große Gebiet ist von Mangroven bewachsen, wo drei Flüsse ins Meer münden. Menschen leben hier nicht, kommen aber zum Holzschlagen und zur Jagd her. Jedes Jahr werden dort Menschen von Tigern getötet. Weil Tiger sich an ihre Beute heranpirschen, kam man darauf, Masken am Hinterkopf zu tragen. So hält sich auch ein Tiger, der sich von hinten nähert, für entdeckt.

BADESPASS

Wie Hauskatzen scheuen Raubkatzen das Wasser. Doch nicht der Tiger: Nichts liebt er mehr als ein entspannendes Bad in einem kühlen Fluss oder Teich.

Keine zwei Tiger tragen das gleiche Streifenmuster auf dem Fell. Jedes Tigerfell ist einzigartig – wie ein Fingerabdruck.

Löwen

Der Löwe wird oft König der Tiere genannt. Man versteht gleich, warum: wegen seines königlichen Erscheinung. Löwen sind nicht die größten Katzen der Welt, aber sicherlich die Könige auf ihrem Territorium.

TEAMWORK

Löwen sind nicht die schnellsten unter den Raubkatzen. Trotzdem machen sie erfolgreich Jagd auf Gazellen oder Zebras. Allerdings jagen sie dazu im Team. Für gewöhnlich ist die Jagd Sache der Löwinnen; geht es aber ans Fressen, ist das Männchen zuerst an der Reihe – ihm steht der Löwenanteil zu.

IN GESELLSCHAFT

Löwen leben gesellig. Das macht sie in der Welt der Katzen zu etwas Besonderem. Als einzige Katzen leben sie in Rudeln, sozusagen einer Familie. Chef des Rudels ist das dominante Löwenmännchen.

WO SIND SIE ZU HAUSE?

Löwen lebten einmal frei in Afrika, Asien und selbst in Europa, heute gibt es sie nur noch in Indien und Afrika. Selbst hier sind sie nicht sehr verbreitet; man findet sie lediglich in bestimmten Teilen Afrikas und in einer Region Indiens.

MAGERE KOST

Obwohl Löwen gesellig leben, haben es die Jungen nicht leicht. Wurde Beute gemacht, dürfen sie erst als Letzte fressen; manche müssen verhungern, wenn das Fleisch nicht reicht. Übernimmt ein neuer Löwe das Rudel, wird er die Jungen seines Vorgängers töten, falls sie noch gesäugt werden.

Neugeborene Löwen haben ein geflecktes Fell – die Flecken verschwinden bald.

MIT LÖWENMÄHNE

Löwenmännchen tragen als einzige Angehörige der Katzenfamilie eine Mähne. Niemand weiß genau, warum; es wird vermutet, dass sie damit die Löwinnen beeindrucken. Kürzlich fand man heraus, dass die Löwenmähne das Männchen umso attraktiver macht, je dunkler sie ist. In der Welt der Löwen werden Blonde also nicht bevorzugt.

Leoparden

Der Leopard ist eine anpassungsfähige Katze: Er kommt in vielen verschiedenen Lebensräumen zurecht und jagt viele Arten von Tieren, ob Eidechsen oder Giraffenbabys. Keine Raubkatze ist so weit verbreitet und wird, je nach Lebensraum, so unterschiedlich groß.

Bei einigen Leoparden sind die Rosetten auf dem Fell eher rund, bei anderen eher rechteckig, je nach Herkunft.

WO SIND SIE ZU HAUSE?

Leoparden leben frei in Afrika, Indien, Sibirien, China und Indonesien. Sie kommen in Wäldern, im Grasland und selbst in Bergregionen vor, je nach Land.

SCHWARZER PANTHER

Manche Leoparden sind bei der Geburt fast völlig schwarz, man kennt sie auch als Panther. Niemand weiß, warum, jedenfalls werden offenbar in Gegenden mit dichten Dschungeln mehr Panther geboren. Vielleicht gibt ein dunkles Fell hier bessere Deckung. Betrachtet man das Fell aus der Nähe (besser nicht im Dschungel!), erkennt man, dass es noch dunkle Flecken und Rosetten genannte Ringe hat.

TARNUNG IST ALLES

Das Fell des Leoparden ist von Rosetten bedeckt. Dieses ausgefallene Muster hilft ihm, sich in Bäumen oder im hohen Gras zu verstecken. Der Leopard ist einer der am besten getarnten Jäger der Erde und versteht es meisterhaft, sich unbemerkt an seine Beute anzuschleichen.

VERSCHIEDENE ARTEN

Es gibt über 20 Arten oder Unterarten von Leoparden. Sie kommen in allen Gestalten und Größen vor. Einige Forscher nehmen an, dass der Nebelparder der indonesischen Inseln und der sibirische Schneeleopard sich ausreichend von den normalen Leoparden unterscheiden, um jeweils eine eigen Art zu bilden.

MIR NACH!

Eine so gute Tarnung hat auch Nachteile – sie erschwert es den Jungen, ihre Mutter im Gras zu finden und oder ihr zu folgen. Dieses Problem lösen Leoparden ähnlich wie Tiger: An ihren hellen weißen Flecken hinter den Ohren werden sie von den Jungen erkannt.

BÄUME

Leoparden sind gute Kletterer und verbringen viel Zeit auf Bäumen, wo sie schlafen oder auf Beute lauern. Außerdem können sie auf Bäumen gut ihr Futter verstecken. Haben sie ein Tier getötet, müssen sie fürchten, dass ein anderer Räuber, etwa ein Löwe, es ihnen entreißt. Deshalb bringen sie das Beutetier auf einem Baum in Sicherheit. Das strengt sehr an, denn manchmal wiegt die Beute dreimal so viel wie der Leopard selbst.

Geparde

Der Gepard ist der große Spezialist in der Welt der Katzen, eine blitzschnelle Jagdmaschine. Und doch haben Geparde kein leichtes Leben. Waren sie früher überall in Afrika, im Nahen Osten und in Indien anzutreffen, bilden diese geschmeidigen, schnellen Tiere heute eine bedrohte Art.

Bei Geparden verlaufen zwei schwarze Streifen (Tränenstreifen) von den Augen zu den Mundwinkeln. Damit sehen sie aus, als weinten sie.

WO SIND SIE ZU HAUSE?

Früher nahm man an, Geparde könnten nur in den offenen, ebenen afrikanischen Savannen jagen. Tatsächlich gibt es Geparde auch in bergigen Regionen. Sie leben in vielen Teilen Afrikas, vielleicht gibt es sogar im Iran kleine Populationen.

SPRINT-KATZE

Geparde sind nicht nur die schnellsten unter den Raubkatzen, sondern sogar die schnellsten Landtiere der Erde. Sie erreichen Geschwindigkeiten bis zu 112 Stundenkilometern. Eine solche Schnelligkeit ist sehr hilfreich, wenn es gilt, ein Beutetier über das Flachland zu hetzen, aber der Gepard hält dieses Tempo nur über etwa 400 Meter. Normalerweise gibt er nach etwa 20 Sekunden auf, auch wenn die Verfolgungsjagd bisweilen eine ganze Minute dauert.

SCHNELL & SCHWACH

Extremes Tempo hat auch Nachteile. Der Gepard ist ein Leichtgewicht – gut zum Sprinten, schlecht zum Kämpfen. Nicht selten erbeutet der Gepard ein Tier, nur um es an einen größeren, aggressiveren Räuber zu verlieren, etwa einen Löwen, eine Hyäne oder einen Pavian. Obwohl ihr Jagderfolg größer als der anderer Großkatzen ist, müssen Geparde deshalb oft hungern.

KÖNIGLICHE TIERE

Geparde sind von allen Katzen besonders leicht zu zähmen, sie waren einmal bei Königen als Haustiere in Mode. Tatsächlich nimmt man an, dass sie schon vor 5000 Jahren zu diesem Zweck gefangen wurden. Von Mesopotamien bis nach Europa wurden diese wertvollen Tiere an Königshöfen für die Jagd abgerichtet.

ES GEHT AUCH OHNE GEBRÜLL

Geparde brüllen nicht wie einige Raubkatzen. Stattdessen geben sie ein merkwürdiges Geräusch von sich, das wie Gezwitscher klingt. Sind sie verärgert, fauchen sie; freuen sie sich, schnurren sie laut – wie eine Hauskatze.

Pumas

Der geschmeidige und athletische Puma ist die meistverbreitete Raubkatze Amerikas. In manchen Gegenden darf dieses herrliche Tier noch immer gejagt werden, obwohl man versucht, das zu verbieten.

WO SIND SIE ZU HAUSE?

Pumas kommen vom südlichen Kanada bis nach Patagonien, dem südlichen Teil Südamerikas, vor. Sie sind aber ungleichmäßig verbreitet, und viele Populationen werden durch das Vordringen menschlicher Siedlungen zunehmend voneinander isoliert.

AUGE IN AUGE

Gelegentlich begegnen sich Mensch und Puma. Sollte es Ihnen passieren, versuchen Sie am besten, so groß wie möglich zu wirken, und blicken Sie dem Puma direkt in die Augen. Eine Jacke sollten Sie wie ein Cape weit öffnen. Bleiben Sie aufrecht stehen, gebückt ähneln Sie einem Beutetier. Blicken Sie den Puma unablässig an, und wenden Sie sich nicht ab.

IM GEHEIMEN

Auch wenn Pumas so ausgedehnte Gebiete Nord- und Südamerikas bewohnen, haben nur wenige Menschen sie jemals auf freier Wildbahn zu Gesicht bekommen. Das hat seine Gründe. Zum einen jagen Pumas nachts, von der Abenddämmerung bis zum Morgengrauen. Zum anderen sind es sehr scheue Tiere, die dem Menschen wenn möglich aus dem Weg gehen.

GUT VERSTECKT

Wie viele Raubkatzen wird ein Puma versuchen, ein erlegtes Beutetier auch zu behalten. Anders als der Leopard bringt er seine Mahlzeit aber nicht auf Bäumen in Sicherheit, sondern verscharrt sie unter einem Hügel aus Blättern und Erde. Zu diesem Versteck kommt er dann jede Nacht, um zu fressen.

Für Pumas gibt es eine Reihe von Namen, darunter Berglöwe und Florida-Panther.

HALSSCHMERZEN

Pumas sind nicht wählerisch und fressen fast alles, ob Hirsch, Biber, Insekt oder Schnecke. Wie andere Großkatzen schleichen sie sich an ihre Beute heran und stürzen sich dann aus nächster Nähe mit einem mächtigen Satz auf sie. Doch anders als andere Raubkatzen erwürgt ein Puma seine Beute nicht, sondern bricht ihr mit seinem kräftigen Gebiss das Genick.

Jaguare

Das größte Raubtier Südamerikas ist der Jaguar. Wie der Leopard jagt der Jaguar im Schutze der Nacht; er sieht im Dunkeln hervorragend. Wie die meisten Raubkatzen lebt der Jaguar für sich allein und verbirgt sich gekonnt auf Bäumen oder im Gebüsch, und wie Leoparden haben manche Jaguare ein schwarzes Fell.

WO SIND SIE ZU HAUSE?

Jaguare leben zumeist in den bewaldeten Gebieten Süd- und Mittelamerikas, aber auch hier und da im Südwesten Nordamerikas. Doch nicht alle Jaguare leben in Wäldern – man findet sie auch in Wüstenregionen und Sumpfgebieten.

EIN BISS

Anders als die meisten Katzen töten Jaguare ihre Beute nicht durch einen Biss in den Hals und anschließendes Ersticken. Stattdessen töten sie sie mittels ihrer mächtigen Kiefer und scharfen Zähne durch einen Biss in den Kopf.

FISCHE FANGEN

Jaguare fressen eine Reihe von Beutetieren, vom Hirsch bis zum Krokodil. Fische fangen sie auf raffinierte Weise: Die Katzen warten am Ufer und schlagen immer wieder mit dem Schwanz auf das Wasser. Irgendwie werden Fische davon angelockt, die sie dann mit der Pranke aus dem Wasser holen.

GEFLECKT, ENTDECKT

Jaguare werden oft mit Leoparden verwechselt, doch sie leben auf einem anderen Kontinent und sind schwerer und stämmiger. Ihr Fell ist auch leicht unterschiedlich gefleckt. Jaguare und Leoparden haben beide ein rosettenartig geflecktes Fell, aber bei Jaguaren liegen zudem kleinere Flecken innerhalb der Rosetten, bei Leoparden nicht.

Indianische Ureinwohner nennen den Jaguar auch „die Bestie, die mit einem Biss tötet".

ICH KANN DICH HÖREN

Jaguare gehören zu den wenigen Mitgliedern der Familie der Katzen, die brüllen können. Die übrigen sind Löwen, Tiger und ihre nahen Verwandten, die Leoparden.

Bildnachweis:
Nature Picture Library: Titelseite; Seite 3, oben links; Seite 4, oben rechts; Seite 4, unten links; Seite 11, oben links; Seite 12, oben rechts; Seite 12, unten links.
Oxford Scientific (OSF)/Photolibrary.com: Seite 2, unten links; Seite 6, Mitte; Seite 9, Mitte rechts; Seite 9, unten rechts; Seite 10, oben; Seite 13, oben rechts; Seite 14 und Umschlagrückseite.
Ardea London Ltd: Seite 2, oben rechts; Seite 3, oben rechts; Seite 5; Seite 6, oben; Seite 6/7; Seite 7, oben; Seite 9, oben links.
NHPA Limited: Seite 3, unten rechts; Seite 6, unten; Seite 8; Seite 9, Mitte links; Seite 15, unten rechts; Seite 16.
Bruce Coleman: Seite 10 und 11 und Umschlagrückseite; Seite 15, oben links.
The Bridgeman Art Library: Seite 11, oben rechts.
Science Photo Library: Umschlagvorderseite und Seite 13, unten rechts.
3-D-Bilder von Pinsharp 3D Graphics

SPANNUNG & WISSEN!

REPTILIEN

PAUL HARRISON

Was ist ein

Woran denken Sie bei „Reptil" oder „Amphibie"? Viele Menschen denken dabei an kalte, schleimige Schlangen – doch damit liegen sie falsch. Sicher, Schlangen gehören zu den Reptilien, aber sie sind ganz anders, als man sie sich gemeinhin vorstellt, und sie sind nur ein Mitglied der großen Tierklasse der Reptilien (Kriechtiere). Es gibt über 7000 Reptilienarten und weit über 4000 Amphibienarten, in zahlreichen Gestalten und Größen, von riesigen Echsen und Schildkröten bis zum winzigen Frosch.

GEWALTIGE VORFAHREN

So beeindruckend Reptilien auch sind, sie sind heute längst nicht das, was sie einmal waren. Selbst die größten lebenden Echsen kommen nicht an ihre Vorfahren, die Dinosaurier, heran. Auch diese Monster der Urzeit waren Reptilien. Wenn Sie das nächste Mal beim Anblick einer Schlange frösteln, dann freuen sie sich, dass kein Tyrannosaurus rex vor Ihnen steht. Tatsächlich gab es Reptilien lange vor dem Erscheinen der Dinosaurier. Das älteste bekannte Reptilienfossil ist über 340 Mio. Jahre alt. Einige Amphibienfossilien stammen sogar aus der Zeit vor 360 Mio. Jahren.

Reptil?

GROSS UND KLEIN

Zu unserem Glück sind die heute lebenden Reptilien längst nicht so groß wie jene zur Zeit der Dinosaurier, doch sie kommen in vielen Größen vor. Die Anakonda, eine riesige Schlange, die in Südamerika lebt, kann 8 bis 11 Meter lang werden. Die Geckos dagegen sind die kleinsten unter den Reptilien. Manche werden nicht länger als 2,5 Zentimeter.

Reptilienforscher heißen auch Herpetologen.

SONNEN-HUNGRIG

Reptilien findet man wirklich überall, ob in einem Hochhaus in Los Angeles, einer Wüste in Afrika oder tief unten im Indischen Ozean. In den meisten Gebieten der Arktis oder in der Antarktis trifft man sie hingegen nicht an. Denn Reptilien mögen keine Kälte; auf der Skipiste wird man ihnen wohl nicht begegnen.

Aussehen

Was also macht ein Reptil zum Reptil? So verschieden sie auch aussehen, alle haben etwas gemein, das man nicht unbedingt auf den ersten Blick wahrnimmt.

MORGENS NICHT GUT DRAUF

Reptilien bezeichnet man auch als wechselwarm. Das bedeutet, sie können ihren Körper nicht selbst warm halten. Stattdessen lassen sie sich von der Sonne wärmen. Wenn es kühl ist, sind Reptilien träge und langsam; das macht sie für Raubtiere zur leichten Beute. Je wärmer es ist, desto schneller wärmen sie sich auf. Deshalb meiden sie Kaltgebiete.

AUCH OHNE BEINE

Alle Reptilien besitzen ein Skelett mit einer Wirbelsäule, und sie legen Eier mit einer wasserdichten Schale. Alle Reptilien besitzen vier Beine, oder sie haben – wie die Schlangen – vierbeinige Vorfahren. Schlangen haben ihre Beine schon vor langer Zeit verloren, doch an manchen Schlangenskeletten erkennt man noch Reste von Hinterbeinen.

SCHUPPEN

Alle Reptilien tragen Schuppen. Diese bestehen aus Keratin, dem Stoff, aus dem auch unsere Fingernägel sind. Ihre Haut ist sehr trocken, wodurch sie kaum Wasser verdunsten. Bei gewissen Reptilien, wie den Krokodilen, verbinden sich die Schuppen zu Schilden, was die Tiere robust macht.

Reptilien können ihren Körper bei Kälte regelrecht abschalten.

AUF GEHT'S

Reptilien sind gute Kletterer, was an ihren Füßen liegt. Reptilien haben Krallen an den Füßen, mit denen sie Halt finden. Einige Echsen jedoch, wie die Geckos, haben zusätzlich Millionen mikroskopisch kleiner Haare, *Setae* genannt, unter ihren Füßen, mit deren Hilfe sie auch an glatten Flächen haften und so mühelos Wände hinauflaufen können. Andere Reptilien halten sich mit ihrem Greifschwanz und ihren griffigen Füßen auf Bäumen.

Lebende Dra

Als die ersten Fossilien gefunden wurden, hielt man sie für die Knochen von Ungeheuern oder Drachen. Dann entdeckten Abenteurer und Händler in anderen Klimazonen große, furchterregende Reptilien; wieder zu Hause, berichteten sie von riesigen Monstern. Diese Kreaturen waren zwar in der Vorstellung größer als in Wirklichkeit, dennoch sind die zeitgenössischen Monster recht eindrucksvoll.

Früher einmal glaubte man, der Blick eines Basilisken könne Menschen töten!

IMMER GUT AUFPASSEN

Die Schwergewichte unter den Echsen sind die Warane, und der Kommodo-Waran ist ihr König. Nur auf Kommodo und ein paar Nachbarinseln kommen diese angsteinflößenden Geschöpfe vor; sie werden über 3 Meter lang und doppelt so schwer wie ein Mensch. Sie sind groß genug, Hirsche zu erbeuten, und sollen sogar Kinder fressen!

chen

STOLZE ELTERN

Wohl niemand möchte beim Baden einem Krokodil begegnen. Und doch sind Krokodile vorbildliche Eltern. Sie gehören zu den wenigen Reptilien, die sich um ihre Jungen kümmern. Für die Eiablage bauen oder graben sie Nester; wenn die Jungen schlüpfen, werden sie von den Eltern beschützt. Einige Arten tragen ihre Jungen sogar im Maul bis zum Wasser!

STURMANGRIFF

Die Familie der Krokodile umfasst die Echten Krokodile, die Alligatoren (und Kaimane) und die Gaviale. Sie hat 21 Arten. Das größte, das Salzwasser- oder Leistenkrokodil, kann über 6 Meter lang und so schwer wie ein Auto werden. Krokodile nähern sich ihrer Beute unbemerkt unter Wasser, während das Tier am Ufer trinkt, springen es dann urplötzlich an und ziehen es unter Wasser. Manche Krokodile katapultieren sich regelrecht aus dem Wasser heraus.

GAR NICHT GUTAUSSEHEND

Der Grüne Leguan ist so hässlich, dass sogar der berühmte Naturforscher Charles Darwin ihn „widerwärtig" fand. Dennoch war er vermutlich von ihren Schwimmfähigkeiten beeindruckt: Diese seltsame Echse kann bis zu einer Stunde unter Wasser bleiben.

Schlangen

Ganz oben auf der Liste der Dinge, vor denen Menschen sich fürchten, stehen Schlangen. Viele, die an einer Schlangenphobie leiden, haben nie eine Schlange zu Gesicht bekommen. In Wirklichkeit sind Schlangen ganz anders, als man sie sich vorstellt. Es sind scheue Tiere, die lieber vor Menschen flüchten, als sie anzugreifen. Viele sind völlig harmlos, und selbst die giftigsten beißen nur zu, wenn man sie reizt oder überrascht.

GIFTSPRITZEN

Giftschlangen besitzen keineswegs die größten Zähne im Tierreich, aber deren Wirkung ist beachtlich. Mit ihren Giftzähnen bringen sie das Gift wie mit einer Injektionsspritze unter die Haut ihres Opfers.

Etliche Schlangen, wie die Klapperschlange, können ihre Giftzähne nach hinten zurückkrümmen.

BEDROHLICH

Einige Schlangen sind giftig; wenn sie zubeißen, injizieren sie Gift in ihre Beute. Die bei weitem giftigste Schlange ist die Kobra; sie spreizt ihre Halsrippen scheibenförmig ab, wodurch sie einen Hut zu tragen scheint. Die größte Kobra, die Königskobra, kann über 5 Meter lang werden; sie vermag mit einem einzigen Biss einen Elefanten zu töten.

WEIT OFFEN

So etwas wie Essmanieren kennen Schlangen nicht. Sie haben keine Zähne zum Zerreißen oder Kauen der Beute. Dafür können die Kiefer voneinander gelöst werden. Die Schlange stülpt ihren dehnbaren Schädel über ihre Beute, die sie dann in einem Stück hinunterwürgt – mit dem Kopf voran, denn so ist es einfacher.

UMSCHLUNGEN

Die mächtigsten Schlangen sind die – ungiftigen – Riesenschlangen: Pythons und Boas. Sie erwürgen ihre Beute, indem sie sich immer enger um sie winden und ihr den Atem nehmen. Die längste Schlange ist die Anakonda, die in den Flüssen Südamerikas lebt. Sie ist eine Boa, aber statt ihre Beute zu erwürgen, zieht sie sie unter Wasser und ertränkt sie. Als Beute kommen für die Riesenschlangen fast alle Tiere in Frage, sogar Krokodile.

Jährlich werden in Amerika über 7000 Menschen von Schlangen gebissen. Doch Todesfälle sind selten.

Harte Schale

Man kennt sie als langsame, plumpe Pflanzenfresser mit zahnlosen Kiefern. Ihre Eier verscharren sie einfach im Sand. Doch die Angehörigen dieser Ordnung der Kriechtiere sind in mancher Hinsicht bemerkenswert. Einige reisen Tausende von Kilometern über den Ozean, andere leben länger jedes andere Tier auf der Erde. Werfen wir einen Blick unter den Panzer!

GEPANZERT

Alle Schildkröten haben einen knöchernen Schild. Er ist Teil des Skeletts, umgibt den ganzen Rumpf des Tiers und ist im Allgemeinen sehr hart, so dass er einen wirksamen Schutz bildet. Der Rückenteil ist gewölbt, der Bauchteil flach. Manche Schildkröten können Kopf und Beine in den Panzer zurückziehen. Die Lederschildkröte trägt über dem Knochenpanzer eine lederartige Haut.

WAS IST WAS?

Die Namen der Schildkröten sagen etwas über ihre Lebensweise aus: So gibt es Landschildkröten, Sumpf- oder Teichschildkröten, Seeschildkröten und etliche andere.

RUDERN STATT LAUFEN

Es gibt über 250 Schildkröten-Arten; viele davon leben im Wasser. Allerdings halten sich nur sieben Arten ständig im Ozean auf. Seeschildkröten, wie diese Unechte Karettschildkröte (Caretta caretta), haben anstelle der Füße Flossen. An Land kommen sie nur zur Eiablage.

BEDROHTE ART

Wie viele andere Reptilien und Amphibien sind die Schildkröten in ihrem Bestand bedroht. Durch den Verlust an Lebensraum, die Jagd, Wilderer und die Umweltverschmutzung drohen einige Arten dieser uralten Geschöpfe allmählich auszusterben. In gewissen Ländern dürfen Schildkröten nur als Haustiere gehalten werden, wenn sie dort auch gezüchtet wurden.

SANFTE RIESEN

Zu den berühmtesten Schildkröten gehören die auf den Galapagos-Inseln im Pazifik lebenden. Sie werden bis zu einen Meter lang und bringen es auf ein Gewicht von über 200 Kilogramm. Noch bemerkenswerter ist, dass sie ein Alter von 150 bis 200 Jahren erreichen.

Wunder im W

Wird von Reptilien gesprochen, sind oft auch Amphibien gemeint. Im Unterschied zu Reptilien verbringen Amphibien (der Name bedeutet: auf beiden Seiten – nämlich im Wasser und an Land – lebend) ihr Larvenstadium im Wasser. Anders als Reptilien haben Amphibien keine Schuppen; ihre Haut ist dünner und verliert Feuchtigkeit. Amphibien leben im Wasser oder in feuchter Umgebung.

ABSTAND HALTEN!

Manche Amphibien sind einfach zu langsam, um vor Räubern zu flüchten. Sie schützen sich stattdessen mit einem Trick: Sie vergiften den Angreifer. Werden sie bedroht, sondert ihre Haut Gift ab, wodurch sie dem Räuber scheußlich schmecken und ihn womöglich töten können.

WER IST DENN DA!

Frösche und Kröten lieben es warm und feucht. Sie leben jedoch nicht alle am Rand eines Teiches – man findet sie auf Bäumen im südamerikanischen Regenwald und selbst in den Wüsten Australiens. Diese Wüstenbewohner verbringen viel Zeit in der Erde eingegraben, wo sie darauf warten, dass es regnet.

asser

IST DAS EIN FROSCH?

Wie unterscheidet man einen Frosch von einer Kröte? Ist die Haut glatt, ist es ein Frosch; ist sie uneben, ist es vermutlich eine Kröte.

FEUERFEST?

Salamander sind geheimnisvolle Wesen, oft werden sie mit Eidechsen verwechselt. Über diese Tiere gibt es Ammenmärchen, wie jenes, dass dem Feuersalamander Feuer nichts ausmache. Vielleicht warf einmal jemand ein Stück Holz mit einem Feuersalamander, der versteckt darauf saß, ins Feuer und sah dann, wie das Tier davonlief.

ZU LANDE UND ZU WASSER

Molche gehören zu den Schwanzlurchen. Ob sie nun an Land oder im Wasser leben, Molche, wie viele Amphibien, laichen im Wasser. Die Jungen leben die ersten zwei Jahre an Land, dann kehren sie für den Rest ihres Lebens ins Wasser zurück.

WAS KRIECHT DA?

Ist es eine Schlange? Ein Aal? Ein Wurm? Nichts von alldem – es ist ein Schleichenlurch. Diese beinlosen, fast blinden Amphibien verbringen ihr Leben größtenteils im Boden; ihre Nahrung finden sie mit ihrem Geruchssinn.

Kann man Warzen bekommen, wenn man eine Kröte anfasst. Natürlich nicht!

Seltsame T

Bei seiner solchen Vielzahl von Reptilien und Amphibien ist es kein Wunder, dass einige von ihnen recht merkwürdig aussehen. Und manche verhalten sich auch so.

BAUMGLEITER

Reptilien leben überall – im Boden, auf Bäumen, im und auf dem Wasser und selbst in der Luft. Einige baumbewohnende Echsen springen in die Luft, um auf andere, sonst nicht erreichbare Bäume zu gelangen. Man nennt sie Flugdrachen, tatsächlich aber können sie mit Hilfe spezieller Hautflügel lediglich Gleitflüge unternehmen.

AUF DEM WASSER LAUFEN

Wenn ein Basilisk es eilig hat und Wasser im Weg ist, geht er weder darum herum, noch schwimmt er hindurch. Stattdessen läuft er in hohem Tempo auf zwei Beinen hinüber. Dieses erstaunlich Verhalten trug ihm den Namen Jesus-Echse ein.

MIT STIELAUGEN SEHEN

Das Chamäleon ist ein bemerkenswertes Tier. Seine hervorstehenden Augen lassen sich unabhängig voneinander bewegen; seine lange Zunge schießt geradezu aus dem Maul heraus, um Insekten zu erbeuten; und es kann die Farbe wechseln. Meist wird angenommen, das Tier passe sich damit der Umgebung an; womöglich drückt es damit aber aus, dass es wütend ist oder sich bedroht fühlt.

yben

ELTERN MIT BEUTEL

Manche Frösche und Kröten kümmern sich besonders lange um ihren Nachwuchs. Die Surinamkröte trägt ihre Eier auf dem Rücken, wo sie in die Haut eingebettet sind. Manche Frösche tragen ihre Jungen wie Kängurus in einem Beutel mit sich herum. Kein Wunder, dass sie Beutelfrösche genannt werden.

Manche Eidechsen können den Schwanz abwerfen, wenn ein Räuber sie dort gepackt hat. Der Schwanz wächst wieder nach.

EINE SHOW ABZIEHEN

Wenn sich Reptilien bedroht fühlen, flüchten sie. Das gilt für den winzigen Gecko wie für den größten Alligator, ebenso für Schlangen. Werden sie jedoch in die Enge getrieben, können sie auf verschiedene Weise reagieren. Einige stellen sich tot; die Klapperschlange schüttelt ihr Schwanzende und erzeugt so ein warnendes Geräusch. Die australische Kragenechse dagegen spreizt bei Erregung einen breiten Hautlappen, der ihren Kopf umgibt, auf und faucht ihren Gegner an. Der Kragen lässt sie weit größer erscheinen, als sie ist, und schreckt den Angreifer ab.

Bildnachweis:
NHPA Limited: Umschlagvorderseite, Titelseite; Seite 3, Mitte; Seite 3, unten rechts; Seite 5, oben; Seite 5, Mitte; Seite 5, unten; Seite 6; Seite 7, Mitte; Seite 7, unten rechts; Seite 9, oben rechts, und Umschlagrückseite; Seite 9, Mitte; Seite 10, oben; Seite 10, unten; Seite 11, unten; Seite 13, Mitte links; Seite 14, oben rechts, Mitte links und Mitte rechts; Seite 15, oben rechts; Seite 16.
Oxford Scientific (OSF)/Photolibrary.com: Seite 2; Seite 4, Mitte; Seite 4, unten links; Seite 9, unten rechts; Seite 11, Mitte; Seite 12, oben; Seite 12, unten; Seite 13, oben rechts; Seite 13, Mitte rechts; Seite 15, unten rechts.
Science Photo Library: Seite 3, oben rechts; Seite 8; Seite 13, unten links.
John White Photos: Seite 7, oben links.
Nature Picture Library: Seite 11, oben rechts.
3-D-Bilder von Pinsharp 3D Graphics

SPANNUNG & WISSEN!

HAIE

LYNN GIBBONS & CHRIS COODE

Die Herren der

Hai. Bereits der bloße Name kann Menschen zu Tode erschrecken. Doch Haie verdienen mehr als Furcht. Sie verdienen Bewunderung und Respekt. Diese geheimnisvollen Räuber der Tiefe schwimmen seit 450 Millionen Jahren in den Ozeanen – es gab sie schon 200 Millionen Jahre vor den Dinosauriern! Seit den letzten 200 Millionen Jahren haben sich einige Haie praktisch kaum verändert, während sie an die Spitze der Nahrungskette gelangten. Heute kennen wir über 375 Hai-Arten, und es werden immer neue entdeckt.

KNORPELFISCHE

Während die meisten Fische ein Knochenskelett besitzen, besteht das Skelett des Hais aus Knorpel, einem stabilen, aber elastischen Stoff. Er befindet sich auch in unseren Ohren und Nasen. Knorpel ist flexibel und leicht. So können Haie schwimmen und sich bei der Jagd blitzschnell herumdrehen.

Tiefe

Der größte Hai aller Zeiten war der räuberisch lebende Megalodon („Riesenzahn"), der vermutlich bis zu 16 Meter lang wurde. Er lebte vor 5 bis 1,5 Millionen Jahren.

VERWANDTE

Die Familienähnlichkeit scheint nicht groß zu sein, doch die nächsten Verwandten des Hais sind Rochen und Chimären. Wie deren Vettern, die Haie, haben sie ein Knorpelskelett. Gemeinsam bilden sie die Klasse der Knorpelfische (*Chondrichthyes*).

Die meisten Fische besitzen eine Schwimmblase, die ihnen Auftrieb gibt und sie schwimmfähig macht. Haien fehlt sie, stattdessen enthält ihre Leber sehr viel Öl. Weil Öl leichter als Wasser ist, gibt es ihnen Auftrieb. Dennoch müssen sie schwimmen, um nicht zu Boden zu sinken.

DER HAIFISCH, DER HAT ZÄHNE

Nicht nur das Maul des Hais ist voller Zähne, auch die Haut! Sein Körper ist von winzigen, zahnähnlichen Schuppen bedeckt, sogenannten Placoidschuppen. Reibt man die Haut in der einen Richtung, fühlt sie sich glatt an, in der anderen wie Sandpapier.

Damit ich

AUGENSCHUTZ

Wenn ein Hai dicht an seine um sich schlagende Beute herankommt, sind die Augen seine verletzlichsten Teile. Bei einigen Arten sind sie von einem speziellen Augenlid, der Nickhaut, geschützt, die das Auge unmittelbar vor dem Zubeißen bedeckt. Andere, wie der Weiße Hai, verdrehen die Augen nach hinten.

SCHNELLSCHWIMM

Auch seine Körperform mach den Hai zu einem Meisterjäg Fast alle Haie besitzen einer geschwungenen, spitz zulaufenden torpedoförmige Körper, mit dem sie leicht – und schnell – durchs Wasser auf ihre Beute zuschießen.

Haie sind die erfolgreichsten Räuber der Ozeane. Bei der Jagd arbeiten alle ihre Sinne, und sie sind einfach unaufhaltsam. Ein Hai nimmt das Geräusch, das ein krankes oder verletztes Tier macht, noch aus über 1,5 Kilometern Entfernung wahr. Er schwimmt auf die Geräuschquelle zu, riecht die Beute im Wasser und folgt dem Geruch bis zu seinem Ursprung. Mit seinem Seitenlinienorgan nimmt ein Hai außerdem Schwingungen und Druckunterschiede im Wasser wahr. Er „fühlt" etwas, auch ohne es zu berühren.

6. SINN

Auch ohne übersinnliche Wahrnehmung verfügen Haie über einen sechsten Sinn. Durch winzige Poren in ihrer Schnauze, die Lorenzinischen Ampullen, nehmen sie die von allen Lebewesen abgegebenen elektrischen Impulse wahr. Mit Hilfe dieses „elektrischen" Sinns ermittelt der Hai die genaue Position seiner Beute.

dich besser finde!

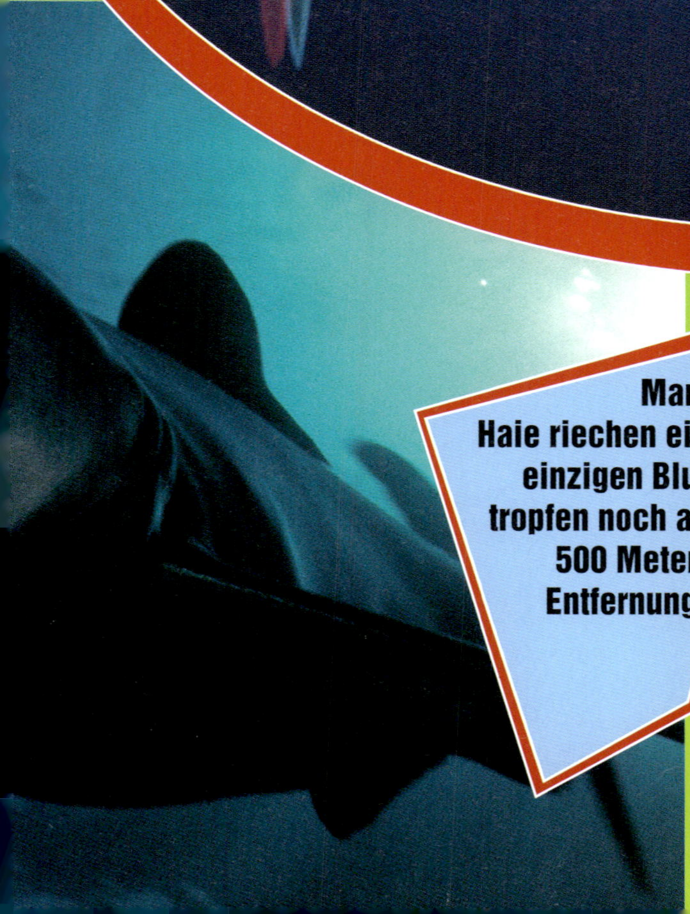

Manche Haie riechen einen einzigen Blutstropfen noch aus 500 Metern Entfernung.

Manche Haie ziehen jedes Jahr über Hunderte von Kilometern zu ihren Laichplätzen und Jagdrevieren – ohne sich je zu verirren. Vermutlich orientieren sie sich auf der Reise mittels eines „elektrischen Sinns", wie mit einem Kompass, am Magnetfeld der Erde.

Damit ich dich b

Die meisten Haie fressen das Gleiche, vorwiegend kleinere Fische (auch andere Haie) und Wirbellose wie Tintenfische. Grundlebende Haie, wie der Teppichhai, fressen dagegen Shrimps, Krabben und andere Krustentiere, die am Meeresgrund leben. Große Haie, wie der Weiße Hai oder der Bullenhai, fressen auch im Wasser lebende Säugetiere. Haie jagen oft kranke oder verletzte Tiere, weil sie leichter zu erbeuten sind. Im Unterschied zu den meisten Haien fressen Tigerhaie praktisch alles, sofern es nur in ihr Maul passt.

ZAHNPFLEGE

Jedes Mal, wenn ein Hai frisst, fallen oder brechen ihm ein paar Zähne aus. Doch jeder verlorene Zahn wird durch einen aus der darunterliegenden Reihe ersetzt. Manche Haie besitzen zehn oder mehr Zahnreihen und verbrauchen über 20.000 Zähne in ihrem Leben.

AUF EINEN BISSEN

Besonders merkwürdige Fressgewohnheiten zeigt der Zigarrenhai. Sein rundes Maul befähigt ihn, plätzchengroße Stücke aus größeren Tieren wie Walen und Delphinen herauszubeißen. Der Zigarrenhai ist so lang wie ein Skateboard, seine Bisse sind für seine Opfer nicht tödlich.

esser fresse!

FILTERMÄULER

Die größten Haie im Ozean – der Walhai, der Riesenmaulhai und der Riesenhai – ernähren sich von mikroskopisch kleinen Pflanzen und Tiere, dem Plankton. Wie ein riesiges Sieb filtert ihr Maul das Plankton aus dem Wasser. Der 10 Meter lange Riesenhai (rechts) filtert pro Stunde 1.485.000 Liter Wasser – damit könnte man einen großen Swimmingpool füllen.

Im Magen von Haien fand man auch eher ungewöhnliche Beute, wie Nummernschilder, Schuhe, Dosen und einen Wecker.

Bei einem Hai sind die Kiefer nicht mit dem Schädel verbunden; er kann Ober- wie Unterkiefer ausfahren und sein Maul WEIT öffnen. Dann lässt er es wie eine Falle zuschnappen.

Gute, böse und

Die über 375 verschiedenen Hai-Arten variieren stark in Größe und Gestalt. Jede von ihnen ist an eine spezielle Lebensweise angepasst. Der größte Hai, der Walhai, wird über 15 Meter lang, der kleinste, der Pygmäenhai, erreicht nicht einmal 15 Zentimeter. Haie können gefleckt oder gestreift sein, ihr Körper abgeflacht oder rund – einige Haie, die in tieferem Wasser leben, leuchten sogar im Dunkeln.

LUSTIGE GESICHTER

Hammerhaie mit ihren seltsamen T-förmigen Köpfen erkennt man leicht. Ihre Augen an beiden Seiten des breiten, flachen Kopfes ermöglichen ihnen beste Rundumsicht. Mit ihrem Kopf drücken diese Haie Beutetiere wie den Stachelrochen auf den Meeresboden.

Der schnellste Hai ist der Kurzflossen-Mako. Er bringt es kurzzeitig auf 48 Stundenkilometer.

FAST NICHT ZU FINDEN

Viele grundlebende Haie wie dieser Fransen-Teppichhai sind gefleckt oder gestreift und so optisch an Pflanzen und Felsen am Meeresgrund angepasst. Dadurch können sie sich vor Feinden verbergen, aber auch ihre Beute überraschen.

hässliche Haie

STIERKOPFHAI

Der Stierkopfhai trägt zwei spitzen Dornen an seinen Rückenflossen, die es sich Raubfische zweimal überlegen lassen, ehe sie ihn angreifen. Dieser für Menschen harmlose 1 Meter lange Hai lebt am Meeresboden weitab der Küste Kaliforniens und Mexikos.

GEFLECKT ODER GESTREIFT?

Baby-Zebrahaie sind schwarz und gelb gestreift; wenn sie heranwachsen, werden die Streifen zu blassbraunen Flecken. Die ausgewachsenen Haie werden deshalb auch Leopardenhaie genannt.

Viele Haie sind auf der Oberseite dunkel und unten blass. Von oben gesehen, verschwimmen sie mit dem dunklen Wasser unter ihnen, von unten mit dem sonnendurchfluteten Wasser über ihnen.

Schwergewichte

Auf dieser linken Seite wollen wir den berüchtigtsten Hai des Ozeans vorstellen, den gefürchtetsten Räuber der Meere – den Weißen Hai. Auf der rechten Seite den größten Hai der Welt, auch bekannt als „sanfter Riese" – den Walhai. Wir vergleichen diese beiden Schwergewichte in der Welt der Haie.

DER WEISSE HAI

Im Jahr 1975 ließ *Der weiße Hai* viele Menschen nicht mehr ins Wasser gehen. Doch der große weiße Hai dieses Films war nicht echt. Gedreht wurde mit einem mechanischen Hai mit extragroßen Zähnen und Flossen; ein echter Hai wäre gesunken. Lebende Haie ließ man bei den Aufnahmen mit Hilfe kleiner Taucher-Modelle größer wirken.

WEISSER HAI

Wissenschaftlicher Name: Carcharodon carcharias

Größe: Der Weiße Hai, auch „weißer Tod" genannt, ist der größte räuberische Hai. Er wird 6 Meter lang und über 2 Tonnen schwer.

Farbe: Er ist deutlich zweifarbig. Die Oberseite des Körpers ist blau bis grau, der Unterbauch viel heller, nahezu weiß.

Verbreitung: Der Weiße Hai lebt in kalten Gewässern in subtropischen und gemäßigt warmem Meeren.

Nahrung: Mit seinen 5 cm langen gezackten Zähnen frisst der Weiße Hai Fische und Säugetiere wie Robben und Seelöwen.

Heute nimmt man an, dass viele dem Weißen Hai zugeschriebene Attacken tatsächlich auf das Konto von Bullenhaien gehen.

WALHAI

Wissenschaftlicher Name: Rhincodon typus

Größe: Der Name rührt von seiner Größe her. Mit über 14 Metern Länge und einem Gewicht von mehr als 13 Tonnen ist der Walhai der größte Fisch der Welt.

Farbe: Oben ist er blau-grau, unten dagegen weiß. Seine Haut ist mit charakteristischen weißen Flecken und Streifen bedeckt, die ihn im umgebenden Wasser tarnen.

Verbreitung: Der Walhai lebt in warmen Gewässern beiderseits des Äquators, sowohl im offenen Meer als auch in Küstennähe.

Nahrung: Plankton. Der Hai schwimmt mit geöffnetem Maul, schließt es und drückt das Wasser durch seine Kiemenreusen (ein schwammartiges Gewebe). Diese filtern das Plankton heraus, das der Hai dann hinunterschluckt.

GROSSES MAUL, KLEINE ZÄHNE

Das Maul des Walhais ist von Tausenden kleiner Zähne besetzt, jedes nicht größer als ein Reiskorn. Der Hai benötigt sie nicht, um zu fressen. Zoologen sind sich nicht sicher, wozu sie überhaupt dienen.

Heimgesuchte G

Trotz der furchtbaren Attacken, die oft in Filmen gezeigt werden, sind Haiangriffe auf Menschen äußerst selten. Berichtet wird von etwa 50 Angriffen jährlich, von denen zwei oder drei tödlich enden. Tatsächlich haben Menschen von Moskitos mehr zu befürchten. An der von Moskitos übertragenen Malaria sterben pro Jahr zwei bis drei Millionen Menschen, Moskitos sind also tausend Mal tödlicher als Haie. Bei den meisten Angriffen durch Haie gibt es die vier „üblichen Verdächtigen": Tigerhai, Bullenhai, Weißer Hai und Weißspitzen-Hochseehai.

Es werden mehr Menschen von herabfallenden Kokosnüssen erschlagen als von Haien verletzt.

MISSVERSTÄNDNIS

Ein Hai könnte einen Menschen im Taucheranzug und mit Schwimmflossen für eine Robbe, einen auf einem Surfbrett paddelnden Menschen für eine Schildkröte halten, seine Lieblingsspeisen.

ewässer

UMWELTVERSCHMUTZUNG

Haie sind auch durch die Verschmutzung der Meere bedroht. Chemikalien im Wasser töten die Fische, die sie fressen, ausgelaufenes Öl ihren Nachwuchs. Haie werden spät geschlechtsreif und haben nur wenige Junge. Durch Überfischung und Umweltverschmutzung werden häufig mehr Haie getötet, als es Nachkommen gibt.

SEIN GRÖSSTER FEIND

In Wahrheit werden wir Menschen den Haien viel gefährlicher als sie uns. Jahr für Jahr töten wir 200 Millionen Haie – das sind 275.000 pro Tag. Man fischt sie, um ihr Fleisch, ihre Haut, ihre Zähne oder ihr Öl zu verkaufen oder einfach zum Spaß. Viele Haie enden als „Beifang" in Fischernetzen.

SOUVENIRJÄGER

Haie werden auch wegen ihrer Gebisse getötet, die präpariert und als Souvenirs verkauft werden. Als Tourist sollte man dies nicht unterstützen.

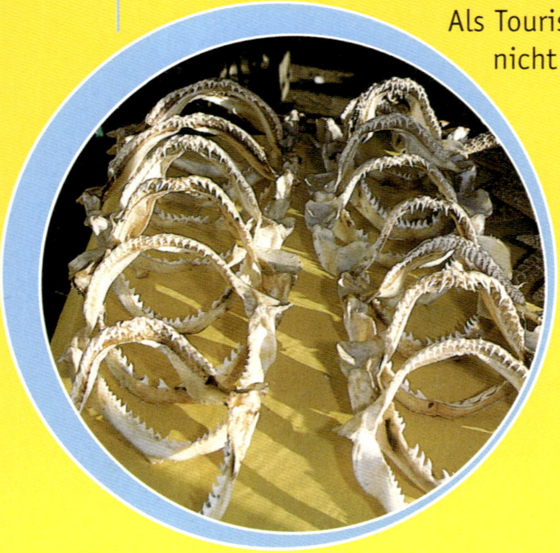

Vermutlich wird Sie nie ein Hai angreifen. Wenn Sie sich richtig verhalten, kommt es wohl auch nicht dazu.

Nicht dort schwimmen, wo Haie gesichtet wurden.

**Nicht allein schwimmen.
In einer Gruppe wird man nicht so leicht angegriffen.**

Nähert sich ein Hai, ruhig zum Boot oder ans Ufer schwimmen. Panisches Herumplanschen zieht einen Hai an.

Denken Sie daran: Er ist im Meer zu Hause – Sie sind nur Gast.

Warum sind Hai

Jedes Jahr werden so viele Haie getötet, dass etliche Arten, darunter der Weiße Hai, der Blauhai und der Riesenhai, ernsthaft gefährdet sind. Sie sind als bedrohte Arten eingestuft: Ihre Bestände gehen so rasant zurück, dass Artenschützer fürchten, sie könnten in naher Zukunft aussterben. Fehlten die Haie, würde das gesamte ozeanische Leben darunter leiden. Als Raubfische an der Spitze der Nahrungskette halten Haie viele Fischpopulationen im Gleichgewicht; als Aasfresser halten sie die Ozeane sauber.

GESUNDE HAIE

Haie sind kaum anfällig für Krankheitserreger. Wenn wir herausfänden, weshalb sie so gesund sind, könnten wir vielleicht eines Tages schwere Erkrankungen wie Krebs besiegen.

GEISTER DER TIEFE

Für Eingeborene in aller Welt stellen Haie wichtige Symbole dar. Auf Hawaii glaubt man, dass der Hai-Gott Kamohoali verirrte Fischer in ihren Kanus durch dichten Nebel nach Hause zurückführt. Auf Inseln im Pazifik vermutet man in Haien die Geister der Vorfahren.

e bedroht?

Aquarien spielen eine Rolle beim Schutz der Haie. Hier kann man aus nächster Nähe beobachten, wie Haie leben. So wird klar, dass ein lebender Hai wertvoller ist als ein toter.

WAS WIRD GETAN?

Viele Meeresbiologen und Artenschutzorganisationen setzen sich aktiv dafür ein, dass Haie nicht bis zum Aussterben bejagt werden. Zoologen studieren Haie in ihrer natürlichen Umgebung, um mehr über ihr Verhalten und ihren Lebenszyklus zu erfahren. Je mehr wir über Haie wissen, desto mehr können wir tun, um sie zu erhalten. Artenschützer machen die Gefährdung der Haie bekannt, drängen Regierungen dazu, Verordnungen zum Schutz der Haie zu erlassen, und richten Unterwasserreservate ein, wo Haie vor Menschen sicher sind.

Befreien wir den Hai vom Image des erbarmungslosen Menschenfresser, damit er respektiert und geschützt wird!

Bildnachweis:
Umschlagvorderseite; Seite 1, Seite 3 unten rechts; Seite 4 unten rechts;
Seite 5: Seite 6 unten links; Seite 9 Mitte rechts; Seite 10 oben links;
Seite 12; Seite 13 oben rechts, unten links; Seite 16: Oxford Scientific Films.
Umschlagrückseite; Seite 2; Seite 3 oben links; Seite 4 oben links;
Seite 6 oben rechts; Seite 7; Seite 8; Seite 10 unten links: BBC.
Seite 9 oben, unten; Seite 10 oben links; Seite 11 unten rechts;
Seite 13 oben links; Seite 14 unten links; Seite 15: Planet Earth.
Seite 14 oben rechts: Jamie Oliver
3-D-Bilder von Pinsharp

SPANNUNG & WISSEN!

PIRATEN

PAUL HARRISON

Wer waren die

Piraten sind Räuber auf dem Wasser, zumeist auf den Meeren. Es hat sie zu allen Zeiten gegeben – die Römer führten sogar Krieg gegen die Seeräuber – und gibt sie auch heute noch. Wer waren diese Menschen, und wo trieben sie ihr Unwesen?

RAUBENDE NORDMÄNNER

Dreihundert Jahre lang verbreiteten die Wikinger Angst und Schrecken in großen Teilen Nordeuropas. Seit dem 8. Jahrhundert nach Chr. erschienen diese Kämpfer urplötzlich, plünderten und verschwanden wieder in ihren schnittigen Langbooten. Die Wikinger siedelten sich auch an vielen Orten an und trieben Handel; sie reisten bis nach Konstantinopel (dem heutigen Istanbul). Ihren Ruf jedoch erwarben sie sich mit dem Schwert, durch Plünderungen und Überfälle.

GOLDENE JAHRE

Die Jahre zwischen 1690 und 1730 gelten als das „goldene Zeitalter" des Piratentums. Damals trieben die berühmten Seeräuber in der Karibik ihr Unwesen. Vor dieser Zeit war ihr Geschäft den Freibeutern oder „Buccaneers" vorbehalten – anfangs ein bunter Haufen vornehmlich französischer Jäger. Mitte des Jahrhunderts versuchten die Spanier, zu deren Herrschaftsbereich die Karibik gehörte, diese gesetzlosen Männer zu vertreiben. Im Gegenzug enterten die Buccaneers spanische Schiffe und überfielen Städte und Dörfer.

Piraten?

LEGALES PIRATENTUM

Wann ist ein Pirat kein Pirat? Wenn er auf einem „Kaper" zur See fährt! In Kriegszeiten stellten manche Regierungen den Kapitänen bewaffneter Privatschiffe sogenannte Kaperbriefe aus: die offizielle königliche Erlaubnis, Handelsschiffe des Feindes aufzubringen (zu kapern) und Beute zu machen. Die Beute war mit der Krone zu teilen. Dieses einträgliche Geschäft betrieben einige Kapitäne nach Kriegsende weiter. Ohne Kaperbrief waren sie jetzt zwar gewöhnliche Piraten, dafür aber konnten sie die ganze Beute für sich behalten – solange sie nicht gefasst wurden.

Freibeuter konnten angesehene Männer sein. Einer der berühmtesten englischen Freibeuter war Sir Francis Drake.

KORSAREN

Nicht alle Piraten kamen aus der Karibik. Das Mittelmeer entlang der afrikanischen Küste litt unter den Korsaren. Diese Seeräuber nahmen Schiffsreisende gefangen, die sie entweder gegen Lösegeld freiließen oder als Sklaven verkauften. Die berühmtesten Korsaren waren die Barbarossa-Brüder, die Anfang des 16. Jahrhunderts von Algier aus operierten.

Berüchtigt

Viel von der Piraten-Folklore geht auf die Taten Einzelner zurück. Im Folgenden eine kleine Auswahl der berüchtigtsten Räuber der Meere.

BRENNENDE LUNTEN

Der wohl berühmteste aller Piraten war Edward Teach – oder Blackbeard, wie er genannt wurde. Im Kampf bot er einen furchteinflößenden Anblick: mit seinem dichten schwarzen Bart, brennenden Lunten am Hut und Gurten um die Brust, in denen Pistolen steckten. Gerade einmal vier Jahre lang hatte er die Karibik terrorisiert, als er 1718 im Kampf mit der Royal Navy – wohl erst durch mehrere Pistolenkugeln – fiel. Anschließend schlug man ihm noch den Kopf ab!

Während der 1720er Jahre war ein Pirat als „der schwarze Mönch" bekannt. Dieser gottlose Mensch hatte ausgerechnet ein Kloster als Wohnsitz gewählt!

MIT FRAUENPOWER

Bei Seeräubern handelte es sich in der Regel um Männer – mit einigen Ausnahmen. Mary Read und Anne Bonny gehörten zu den berühmtesten Piratinnen. Sie fuhren mit „Calico" Jack Rackam, der auch ein bekannter Pirat war, zur See; trotz ihrer Fähigkeiten entgingen sie 1720 nicht der Gefangennahme. Auf Piraterie stand gewöhnlich der Tod durch Erhängen. Dieser Strafe entgingen Mary Read und Anne Bonny, weil sie beide schwanger waren.

EHRENMANN

Zu den erfolgreichsten Piraten gehörte Kapitän Henry Morgan. Nach ihm wurde sogar ein Rum benannt. Morgan war tatsächlich ein Kaperfahrer, allerdings unternahm er einige seiner Beutezüge, nachdem England und Spanien Frieden geschlossen hatten. Morgan behauptete, davon nichts zu wissen, und überfiel weiterhin andere Schiffe. Als einer von wenigen Piraten setzte er sich wohlhabend zur Ruhe, wurde sogar geadelt. Verbrechen zahlt sich manchmal doch aus!

HERZLOS

Der wahrscheinlich blutdürstigste aller Piraten war Francois L'Ollonais. Er soll seine Gefangenen auf grausamste Weise gefoltert und ermordet haben: Einmal aß er sogar das Herz eines seiner Opfer. Im Jahr 1668 ließ ihn seine Gier unvorsichtig werden. Er und seine Männer wurden von Indianern überfallen und L'Ollonais dabei getötet. Gewissen Berichten zufolge wurde er gegessen. Jedenfalls hätte er es verdient gehabt.

Handwerkszeug

Was brauchte man als Pirat im Goldenen Zeitalter der Seeräuberei? Ein Reihe von Dingen konnte kein Freibeuter, der etwas auf sich hielt, entbehren.

HIEB UND STICH

Piraten kämpften mit allen Arten von Waffen, selbst mit Keulen und Äxten – was dem Gegner Schaden zufügte, war gut genug. Am meisten verbreitet waren kurze, scharfe Schwerter, zu deren Handhabung man nicht besonders geschickt sein musste und die sich wegen der kurzen Klinge ideal für den Kampf auf den engen Schiffsdecks – zwischen Masten und Takelage – eigneten.

FEUER FREI

Bei Piraten beliebt war auch die Steinschloss-Pistole, bei der der Hahn gegen ein Stück Feuerstein schlug, wodurch ein Funke entstand, der die Pulverladung zündete. Diese Pistole war leicht, aber keineswegs die perfekte Waffe. Nach jedem Schuss musste sie neu geladen werden, und oft versagte sie, vor allem, wenn das Pulver feucht geworden war. Deshalb gingen Piraten wie Blackbeard mit mehreren Pistolen in den Kampf.

Viele meinen, Piraten hätten mit Entermessern gekämpft – tatsächlich kam diese Art Kurzschwert erst nach dem Goldenen Zeitalter in Gebrauch.

JEDER BRAUCHT EIN ZUHAUSE

Natürlich verbrachten Piraten nicht ihre ganze Zeit an Bord. Was sie geraubt hatten, mussten sie ja irgendwo ausgeben. Städte wie Port Royal auf Jamaika und die Insel New Providence wurden zu ihren Zufluchtsorten. Doch wirkliche Sicherheit gab es auch „zu Hause" nicht, trieben sich doch Diebe und Mörder – Piraten – hier herum. Schließlich griff die Natur ein. 1692 wurde Port Royal durch eine Flut größtenteils zerstört, und viele Einwohner ertranken.

DAS IDEALE BOOT

Ohne Schiff ist man kein Pirat, sondern nur ein Räuber. Manche Piraten fuhren auf großen, schwerbewaffneten Schiffen, doch die meisten waren mit Sloops, kleinen, schnellen Fahrzeugen, unterwegs. Diese Einmaster konnten mit einer kleinen Mannschaft gesegelt werden, und so war die Beute nur unter wenigen Männern aufzuteilen. Mit den schnellen Sloops entwischte man auch leichter patrouillierenden Kriegsschiffen.

Reichtum

P Pirat wurde man aus unterschiedlichsten Gründen: weil man woanders ein Verbrechen begangen hatte und der Strafe entgehen wollte; weil man auf einem Schiff fuhr, das von Piraten geentert wurde, denen man sich anschloss; oder man schwärmte für das Leben als Pirat. Warum auch immer – Ziel jedes Piraten war es, möglichst schnell reich zu werden!

SILBERGELD

Gängige Währung in der Karibik waren die Münzen der damaligen Kolonialmacht Spanien. Am wichtigsten waren die Gold-Dublone und der später Peso genannte Silberdollar. Diese Münze wurde auch „Achterstück" genannt, denn sie hatte den Wert von acht Reales. Ihr hoher Wert machte sie allerdings im Alltag unpraktisch: Bisweilen stellte man „Kleingeld" her, indem man sie zerteilte.

SCHATZINSELN

Dass Piraten ihre Reichtümer auf „Schatzinseln" versteckten, ist eine Legende. Sie geht auf das Gerücht zurück, ein Captain Kidd habe seinen Schatz auf einer abgelegenen Insel vergraben. In Wirklichkeit besaßen Piraten ihr Raubgut nie lange genug, um es für später zu verstecken. Sobald sie wieder festen Boden unter den Füßen hatten, gaben sie alles aus: für Alkohol, für Frauen und beim Spiel. Was andere in einem Jahr verdienten, konnten sie in ein paar Wochen verprassen.

BLACK BART

Der wohl „erfolgreichste" Seeräuber aller Zeiten war Bartholomew Robert. Während seiner Piratenkarriere kaperte „Black Bart", wie er genannt wurde, Schiffe auf beiden Seiten des Atlantiks. Einmal erbeutete er ein portugiesisches Schiff mit wertvoller Fracht, unschätzbaren Juwelen und 90 000 Goldstücken. Doch seinen Reichtum konnte er nicht lange genießen: Nach nur drei Jahren als Pirat starb er 1722 in einem Gefecht.

Im Jahr 1717 wurde den Piraten, die mit ihrem Geschäft aufhörten, Straffreiheit versprochen. Ihr Raubgut sollten sie sogar behalten dürfen!

FRECHHEIT SIEGT

Mit seltener Dreistigkeit überfiel Henry Jennings im Jahr 1716 mit 300 Piraten ein spanisches Lager an der amerikanischen Ostküste. Die Spanier hatten gerade erst die Silbermünzen geborgen, die bei einem Sturm, in dem ihre Schatzflotte sank, verloren gegangen waren. Jennings und seine Männer segelten mit 350 000 Münzen davon – ein einmaliger Glückfall! Die Spanier, die ihren Schatz nun zum zweiten Mal verloren hatten, müssen unglaublich wütend gewesen sein.

Ist das wahr?

Jeder weiß etwas über Piraten: wie sie aussahen, wie sie sich kleideten, was sie taten. Doch was man zu wissen glaubt, ist nicht unbedingt wahr. Was an unserem Bild des Seeräubers ist historisch verbürgt, und was daran ist Legende?

Seeräuber vergruben keine Schätze, also hatten sie auch keine Schatzkarten.

SCHMUSETIER AN BORD

In Piratenfilmen hat ein richtiger Seeräuber einen Papagei bei sich. Tatsächlich kauften Piraten mit genügend Geld sich oft ein Tier, das sie mit an Bord nahmen. Papageien waren beliebt, weil man ihnen beibringen konnte zu sprechen. Das vertrieb die Langeweile in Zeiten, in denen wenig zu tun war. Noch beliebter waren Affen; aber man schätzte überhaupt alles, was klein und irgendwie unterhaltsam war.

BRETT IN DEN TOD

Zu den besonders unmenschlichen Taten von Seeräubern soll es gehört haben, Gefangene „über die Planke gehen" zu lassen: Man trieb sie über ein Brett, das über die Bordwand hinausragte, bis sie ins Wasser stürzten, wo oft schon die Haie warteten. Dafür, dass so etwas je geschah, gibt es keinen Beweis. Wenn man wirklich Gefangene loswerden und ertränken wollte, warf man sie ohne weiteres über Bord.

NACH EIGENEN REGELN

Die meisten Menschen halten sie für gesetzlose Räuber. Und doch leben viele Piraten nach strengen eigenen Regeln, den Piratengesetzen. Diese Gesetze waren von Schiff zu Schiff verschieden, folgten aber einem ähnlichen Grundsatz. Piraten stimmten über den Kurs ihres Schiffes ab und über die Aufteilung der Beute. Vorgeschrieben war auch, keine offene Flamme unbeaufsichtigt zu lassen, wie Streitigkeiten innerhalb der Mannschaft auszutragen und wie die Waffen zu pflegen waren. Manchmal waren sogar Glücksspiele an Bord streng verboten verboten.

GEFAHRENJOB

Holzbeine, Haken und Augenklappen sind Klischees, die mit der Wirklichkeit wenig zu tun hatten? Falsch. Piraten lebten gefährlich. Wer Pistolen und Kanonen abfeuerte, Schiffe enterte, Tag für Tag in der Takelage hing, umstürzenden Masten und herabfallenden Rahen ausweichen musste, der konnte schwerste Verletzungen davontragen. Zahlreiche Piraten waren entstellt oder verstümmelt. Wer nicht mehr kämpfen konnte, arbeitete zum Beispiel als Schiffskoch.

Schiffe in

Die große Zeit des Piratentums endete vor fast dreihundert Jahren, doch damit hörte das Piratentum nicht auf. Noch immer gibt es Boote und Räuber auf der Welt – und damit auch Seeräuber.

ABGESPRITZT

Piratenangriffe werden auch aus asiatischen Gewässern gemeldet. Vor der Küste Malaysias wurde ein japanisches Frachtschiff eine dreiviertel Stunde lang von Seeräubern verfolgt. Die mutigen japanischen Seeleute ließen die bewaffneten Angreifer nicht an Bord kommen und schlugen sie zurück – mit Hilfe von Hochdruckreinigern! Für die Piraten muss es eine sehr feuchte Heimreise gewesen sein.

PIRATENJAGD

Malaysia, Singapur und Indonesien, alle an der für Piratenüberfälle berüchtigten Straße von Malakka gelegen, kämpfen vereint gegen die modernen Seeräuber. Siebzehn Schiffe patrouillieren auf dem stark befahrenen Seeweg; sie können notfalls Luftunterstützung anfordern. Auch die chinesische Marine bekämpft die Piraten – wie bereits die römische Flotte auf dem Mittelmeer vor zweitausend Jahren.

Es gibt noch immer Piraten, doch die Chance, ihnen zu begegnen, ist äußert gering.

Gefahr

GEFAHR DROHT

Probleme mit Piraten haben zumeist arme Küstenländer mit instabilen Regierungen, so auch das ostafrikanische Somalia. Die Piraten am „Horn von Afrika", dem derzeit wohl gefährlichsten Gewässer der Welt, überfallen in der Regel Frachtschiffe, um die Ladung, oft sind es Hilfsgüter, auf dem Schwarzmarkt loszuschlagen.

NEUE WAFFEN – ALTE METHODEN

Die Piraten von heute kommen in kleinen Motorbooten – genau richtig für den plötzlichen, schnellen Angriff und um dann durch das seichte Wasser zu verschwinden, wo ihnen größere Boote mit mehr Tiefgang nicht folgen können. Einige besitzen automatische Waffen, manche sogar Raketenwerfer. Doch die meisten sind spärlich ausgerüstet und greifen, wie ihre Vorgänger im Goldenen Zeitalter, sogar mit Keulen und Macheten – ganz traditionell – an.

Lustig sind

Die Vorstellung, die wir uns von Piraten machen, geht meist nicht auf Geschichtsbücher zurück. Sie stammen aus Filmen, aus Romanen und von Illustrationen. Mit dem Leben der „echten" Seeräuber haben sie in der Regel herzlich wenig zu tun.

JOHNNY BOY

Der populärste Pirat unserer Tage ist zweifellos die von Johnny Depp gespielte Figur des Captain Jack Sparrow aus „Der Fluch der Karibik". Er ist witzig, charmant und sieht gut aus – das Gegenteil der meisten Piraten. Er kämpft auch mit Piraten, die wieder zum Leben erwacht sind. Eher unwahrscheinlich! Aber diese Filme geben auch gar nicht vor, das Leben der Seeräuber wahrheitsgemäß zu erzählen. Dafür sind sie sehr unterhaltsam.

WAHRE GESCHICHTEN

Im Jahr 1724 erschien „A General History of the Robbings and Murders of the Most Notorious Pirates". Als Autor des zweibändigen Werks wird ein „Captain Charles Johnson" genannt. Weil man von diesem sonst nichts weiß, ist der Name wohl ein Pseudonym, möglicherweise von Daniel Defoe, dem Schöpfer des „Robinson Crusoe". Das Buch erzählt die wahren Lebensgeschichten von mehr als dreißig Piraten der Karibik. Weil es während des Goldenen Zeitalters des Piratentums geschrieben wurde, stellt es eine unschätzbare Quelle für Historiker dar.

Piraten

Die meisten der klassischen Bilder von Piraten schufen die amerikanischen Illustratoren H. Pyle (1853–1911) und N.C. Wyeth (1882–1945).

HERRLICHE PIRATENZEIT

In der zweiten Hälfte des 19. Jahrhunderts entstand ein romantisches Bild des Piratentums. W. S. Gilbert und Arthur Sullivan brachten 1879 die komische Oper „Pirates of Penzance" heraus. Sie handelt von einer gar nicht so blutdürstige Piratenmannschaft. Penzance, eine kleine Hafenstadt im äußersten Südwesten Englands, war keineswegs ein Piratennest, jedoch bei Schmugglern nicht ganz unbekannt.

KLASSIKER

Der klassische Pirat ist gewiss Long John Silver aus dem 1883 erschienenen Buch „Die Schatzinsel" von Robert Louis Stevenson. Er hat ein Holzbein, besitzt einen Papagei namens Captain Flint, und er sucht nach einem vergrabenen Schatz, der auf einer Karte durch ein großes Kreuz markiert ist. Kein anderes Buch hat so das Bild des Piraten bestimmt.

Bildnachweis
Corbis: Titelseite; Seite 3; Seite 13, oben und unten rechts.
Chris Collingwood: Umschlagvorderseite und Seite 4.
Indy Magnoli: Seite 15, unten rechts.
Kobal Collection: Seite 5, oben und Mitte; Seite 8, unten links; Seite 9, oben und unten; Seite 10; Seite 11, oben, Mitte links und unten rechts; Seite 14, oben rechts; Seite 15; Seite 16.
Mary Evans: Seite 14, unten links.
Reuters: Seite 12, unten links.
The Art Archive: Seite 8, Mitte rechts.
Topfoto: Seite 5, unten rechts; Seite 6, unten; Seite 7, unten rechts.
3-D-Bilder von Pinsharp 3D Graphics

SPANNUNG & WISSEN!

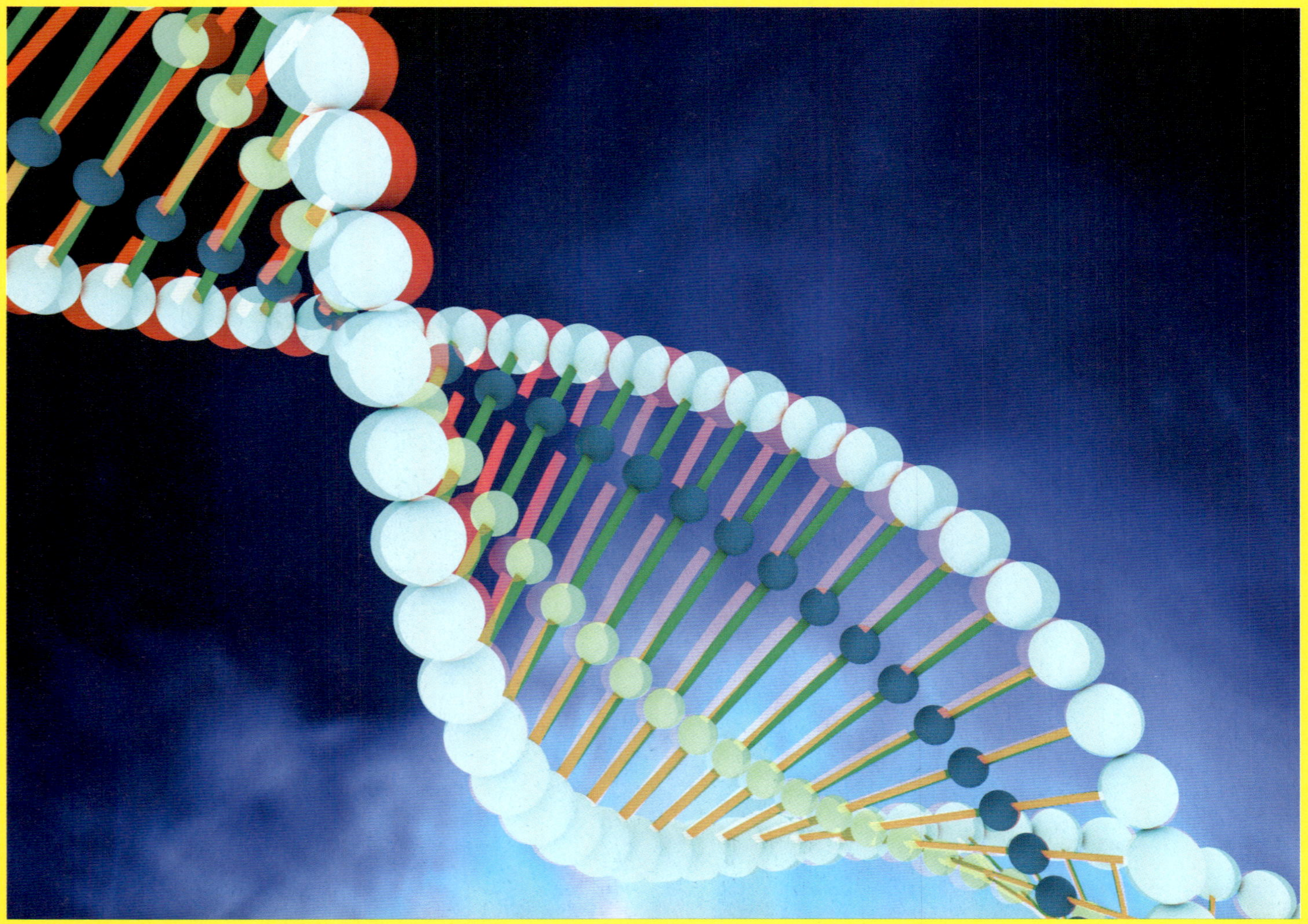

DER MENSCH

PAUL HARRISON

Ein wundervoller

Auch wenn wir ihn für ganz selbstverständlich halten: Unser Körper ist etwas Wunderbares. Er besteht aus Haut, Haar, Blut, Muskeln, Organen, Adern, um nur einiges zu nennen. Vor allem aber passen und arbeiten alle seine Teile zusammen. Wenn wir uns unseren Körper näher ansehen, staunen wir darüber, was sich alles in ihm abspielt.

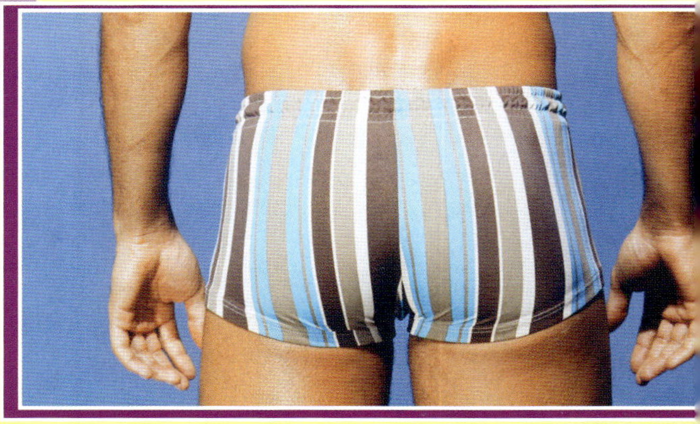

GROSS & KLEIN

Der menschliche Körper besteht aus großen und kleinen Teilen. Unser größter Muskel ist der Musculus gluteus maximus, den wir kaum zu Gesicht bekommen, denn es ist der große Gesäßmuskel. Unser kleinster Knochen ist der nur 2 Millimeter lange Steigbügel (Stapes), eines der Gehörknöchelchen im Innenohr.

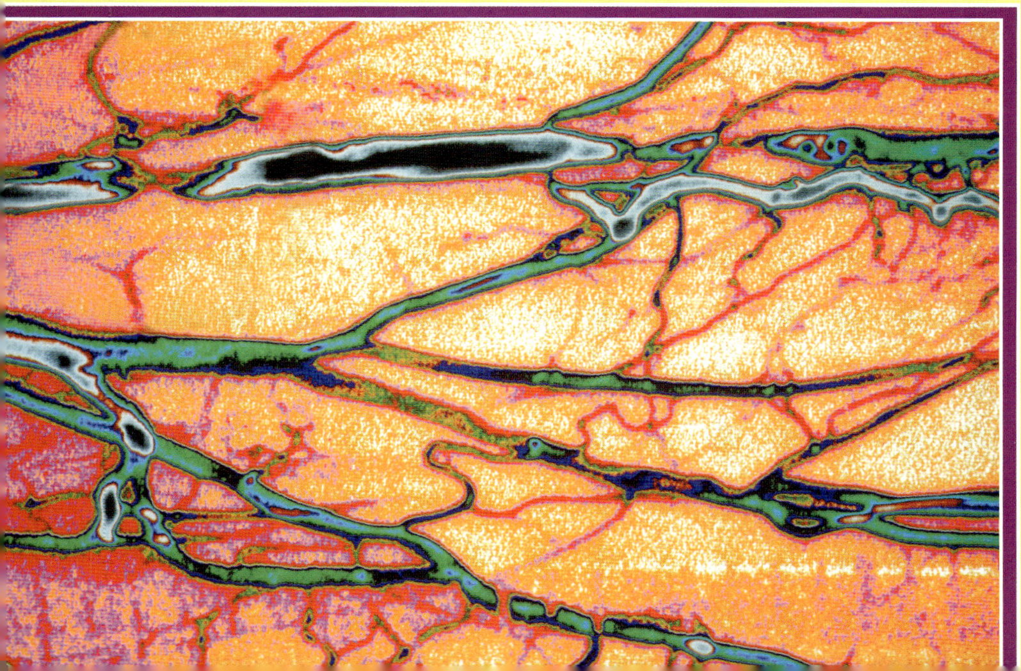

GEFÄSSE

Unser Körper ist von einem System von Röhren durchzogen, den Adern, in denen das Blut kreist und überallhin gelangt. In den Arterien fließt es vom Herzen weg und in den Venen wieder zu ihm zurück. Sämtlich Adern hintereinandergelegt ergäben eine Strecke von 100000 Kilometern. Das ist der neunfache Umfang des Mondes.

Körper

BIEGSAM

Abgesehen davon, dass er aus Kilometern von Blutgefäßen und vielen Knochen und Muskeln besteht, ist unser Körper ungemein flexibel. Nach der Geburt wachsen wir ungefähr 18 Jahre lang und sind schließlich etwa viermal so groß. Selbst ein erwachsener Mensch kann noch an Größe und Umfang zunehmen. Bei einer schwangeren Frau dehnt sich der Bauch aus, um dem Kind, das sich entwickelt, Raum zu bieten. Dazu muss die Haut sehr elastisch sein.

Eine Körperzelle ist eine mikroskopisch kleine Chemiefabrik. Unser Körper besteht aus mehreren Billionen Zellen – wie vielen genau, weiß man nicht.

ANFANGSPROBLEME

Auch wenn der Körper ein Wunderwerk der Natur zu sein scheint, ist er nicht vollkommen. Bei der Geburt ist der Kopf ziemlich groß (um das große Hirn aufzunehmen). Das hohe Gewicht am oberen Ende unseres relativ langen Körpers macht uns anfangs unstabil, deshalb haben Kleinkinder es nicht leicht, aufrecht zu stehen und zu laufen.

Feste Struktur

Ohne Knochen wäre dieser großartige Körper nur ein Sack mit Blut und Organen. Unser Knochengerüst gibt unserem Körper Halt und Struktur und lässt uns Menschen aufrecht stehen und gehen. Doch es leistet noch viel mehr.

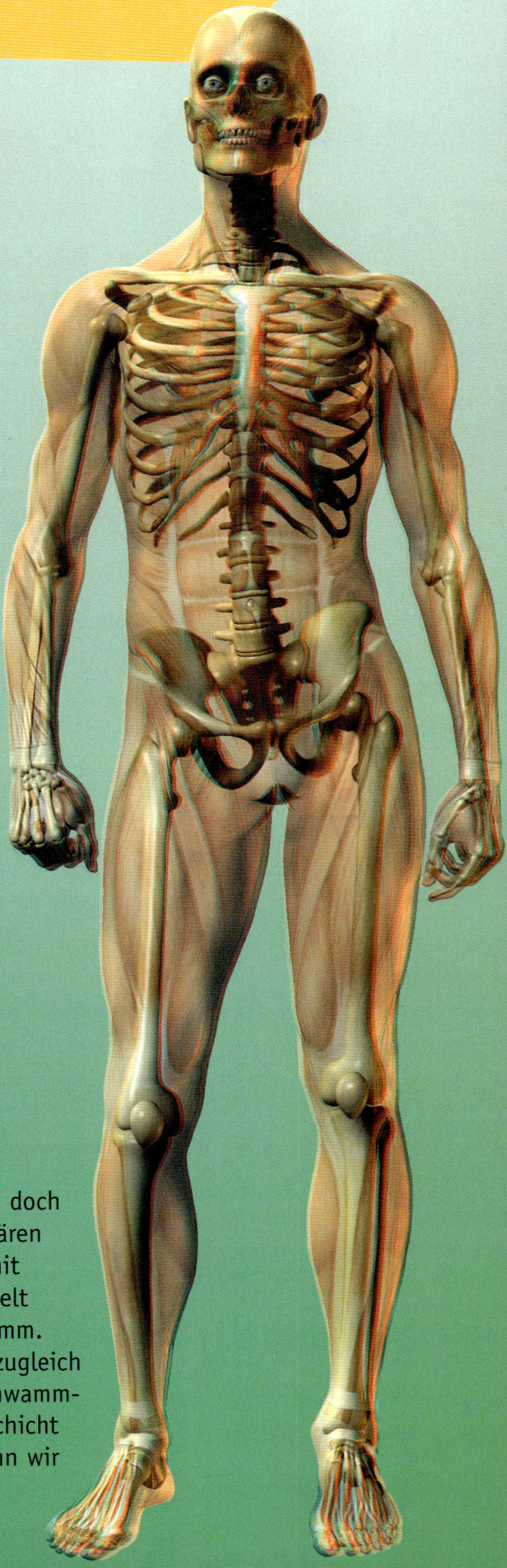

FEHLT DA ETWAS?

Wir besitzen mehr Knochen, als wir vielleicht annehmen. Tatsächlich sind es 206. Bei Säuglingen sind es sogar über 300. Was wird aus diesen Extraknochen, wenn wir heranwachsen? Die Antwort lautet: Die Knochen von Kleinkindern sind noch weich, und etliche von ihnen wachsen zusammen, bevor sie hart werden. Sie verschwinden also nicht, sondern werden nur weniger.

HARTER SCHWAMM

Unser Knochen halten uns aufrecht, doch sie sind nicht massiv. Denn dann wären sie zu schwer. Das Knocheninnere mit seinen zahlreichen Hohlräumen ähnelt einer Honigwabe oder einem Schwamm. Dieser Aufbau macht den Knochen zugleich fest und leicht. Außen ist diese Schwammstruktur von einer feinen, harten Schicht umgeben – das, was wir sehen, wenn wir einen Knochen betrachten.

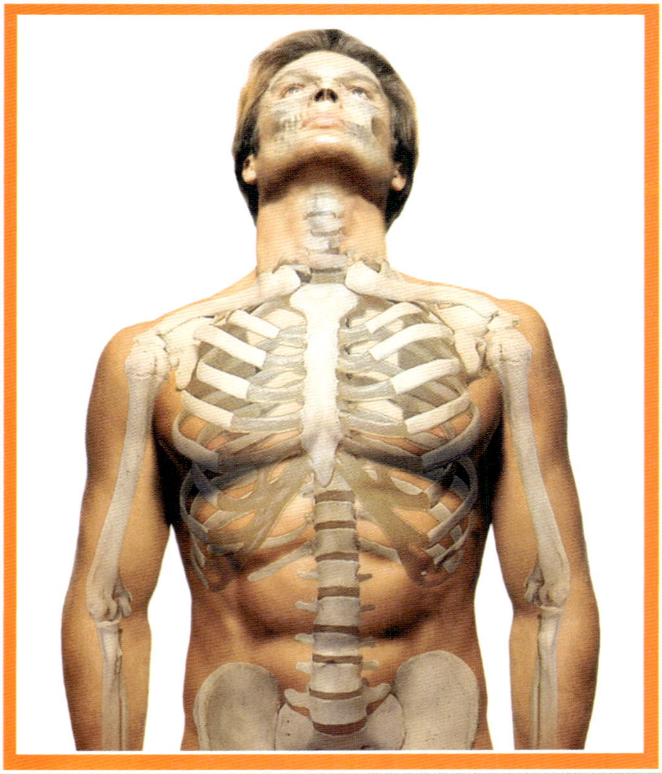

MULTITASKING

Die Knochen geben unserem Körper nicht nur Struktur, sie erfüllen weitere wichtige Aufgaben. Durch ihre Anordnung zum Skelett schützen sie die Organe. Die Rippen beispielsweise schützen Lunge und Herz, der Schädel das Gehirn. Und eine Substanz in Röhrenknochen, das Mark, produziert Blutkörperchen.

Das feste, aber im Unterschied zu den Knochen elastische Stützgewebe unseres Körpers (wie die Nasenspitze) besteht aus Knorpel – wie das Skelett des Hais.

WACHSTUM

Wenn wir wachsen, wachsen unsere Knochen natürlich mit. Sonst müssten wir ja ewig Kinder bleiben. Tatsächlich wachsen die Knochen, bis wir – mit fast zwanzig Jahren – ausgewachsen sind. Aber auch danach erneuern sie sich ständig, indem sich ältere Teilstücke auflösen und der ganze Knochen nach und nach neu gebildet wird.

Unser Inneres

Alles in unserm Körper hat seinen Zweck, aber zu den wichtigsten Bestandteilen gehören die Organe. Jedes von ihnen erfüllt eine besondere Aufgabe. Von den vielen verschiedenen Körperorganen werden hier einige der größeren vorgestellt.

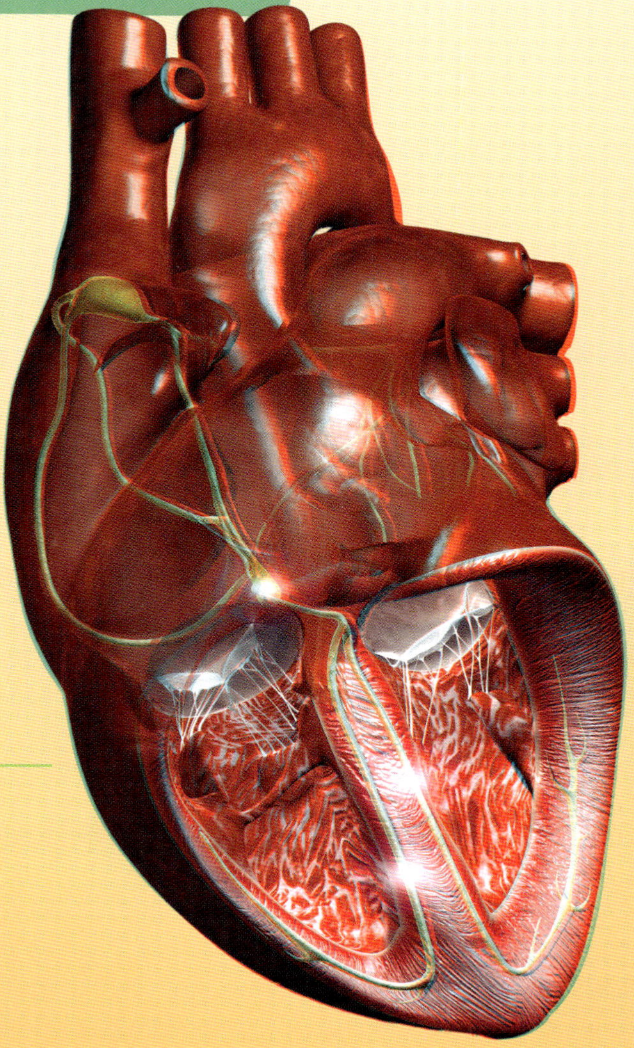

ANTRIEBSORGAN HERZ

Das Herz ist ein Muskel, der das Blut durch unseren Körper pumpt. Das Blut fließt durch die Venen zum Herzen, durch vier verschiedene Herzkammern und dann durch die Arterien zu den einzelnen Organen. Was man als Herzschlag empfindet, ist die Muskelbewegung, mit der das Blut von einer Herzkammer zur nächsten gepumpt wird. Wenn wir ruhen, schlägt das Herz etwa 70-mal in der Minute.

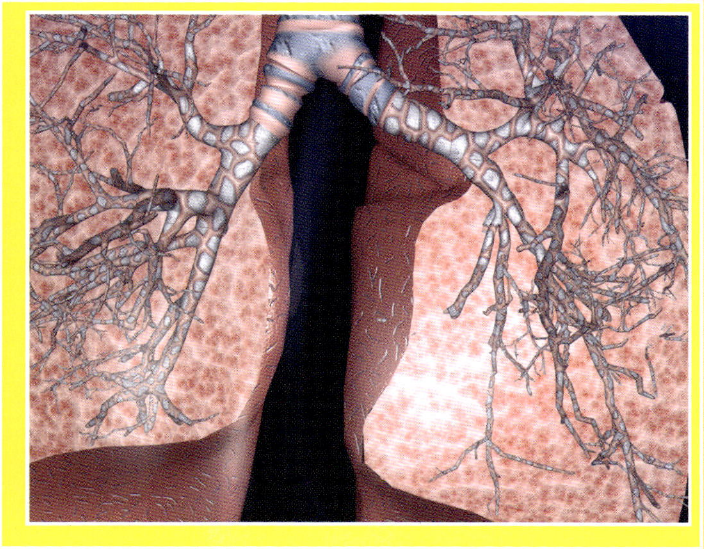

TIEFER ATEM

Bei jedem Atemzug bemerken wir am Heben und Senken der Brust, wie die Lunge sich mit Luft füllt und sich wieder entleert. Die Lunge ähnelt weniger einem Ballon als einem Sack mit vielen kleinen Säcken darin. Die beiden Lungenflügel sind mit winzigen, von Blutgefäßen überzogenen Bläschen gefüllt. Sie geben Kohlendioxid an die Atemluft ab und nehmen Sauerstoff daraus auf.

NIEREN

Die Nieren sind zwei faustgroße Organe, die gleichsam als Müllabfuhr unseres Körpers arbeiten. Sie filtern alle Abfallstoffe und überschüssiges Wasser aus dem Blut heraus. Dieser flüssige Abfall wird in der Blase zwischengelagert und dann beim Gang auf die Toilette ausgeschieden. Die Nieren überwachen auch den Anteil der verschiedener Stoffe im Blut – diese kleinen Organe sind wirklich sehr wichtig.

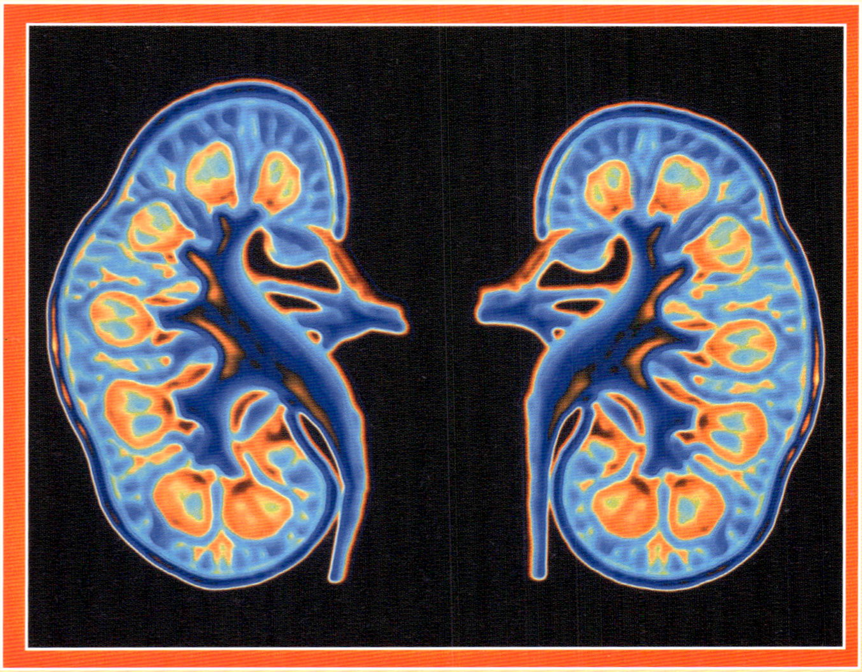

Ein Organ, das wir nicht mehr benötigen, ist der Wurmfortsatz des Blinddarms. Vielleicht half er uns, etwas, das wir heute nicht mehr essen, zu verdauen.

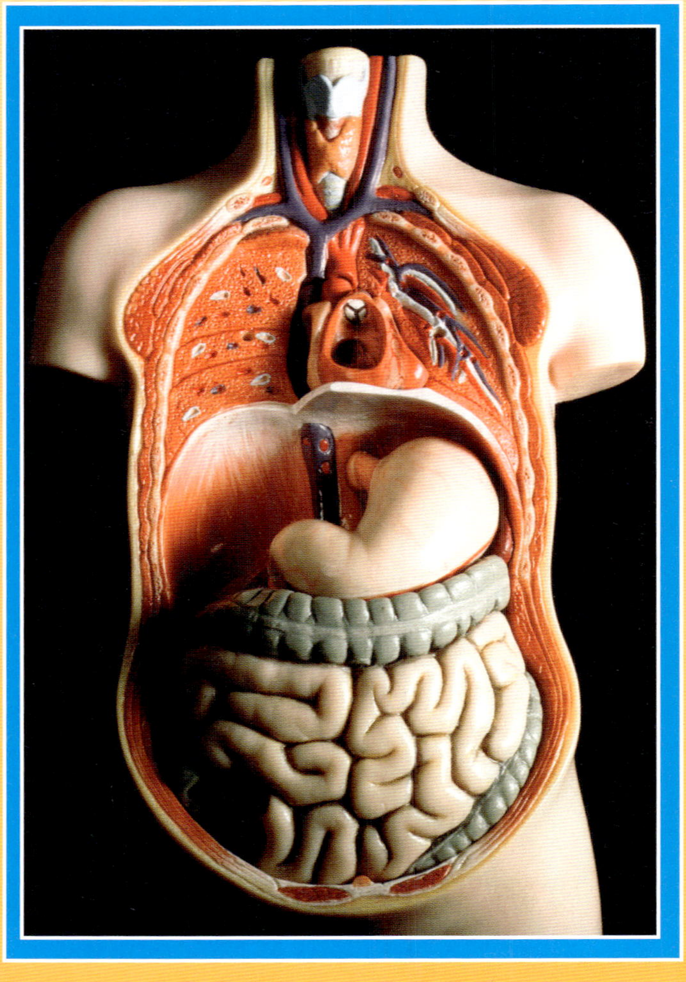

CHEMIEFABRIK LEBER

Das größte unserer inneren Organe ist die Leber. Als eine Art chemische Fabrik stellt sie aus der Nahrung, die wir verdauen, Stoffe her, die wir benötigen. Sie produziert auch eine Substanz, die das Blut an Stellen, wo wir uns verletzt haben, gerinnen lässt. Und sie bildet die Gallenflüssigkeit, die wir für die Fettverdauung benötigen. Sie wird in der Gallenblase gespeichert und von dort in den Darm abgegeben.

Unser Äußeres

All diese Knochen, Blutgefäße, Muskeln und inneren Organe lägen durcheinander auf dem Boden, würden sie nicht von der Haut an ihrem Platz gehalten. Doch die Haut ist mehr als ein großer Sack.

EIN DEHNBARES ORGAN

Die Haut ist das größte Organ unseres Körpers und erfüllt einige wirklich wichtige Aufgaben. Wie ein lebender Schutzpanzer hält sie Krankheitskeime fern und schützt uns vor dem ultravioletten Sonnenlicht. Als Isolierschicht hält sie unsere Körpertemperatur aufrecht und Wasser von uns ab.

GLATT ODER GELOCKT

Die kleinen Gebilde in der Haut, aus denen Haare wachsen, nennt man Haarbälge oder Follikel. Davon haben wir über eine Million. Ihre Form bestimmt, ob unser Haar glatt oder gelockt ist.

GÄNSEHAUT

Die Haare auf unserer Haut bilden eine zusätzliche Isolierschicht; allerdings haben wir viel weniger Haare als unsere Vorfahren – wir brauchen sie praktisch nicht mehr. Aus diesem Grund bekommen wir manchmal eine Gänsehaut: Wenn wir frösteln, zieht sich die Haut zusammen, und die Körperhaare richten sich auf. Bei Tieren mit einem Fell vergrößert sich dadurch die von den Haaren eingeschlossene Luftmenge, was die Isolierung verbessert. Wir haben dafür nicht mehr genügend Haare.

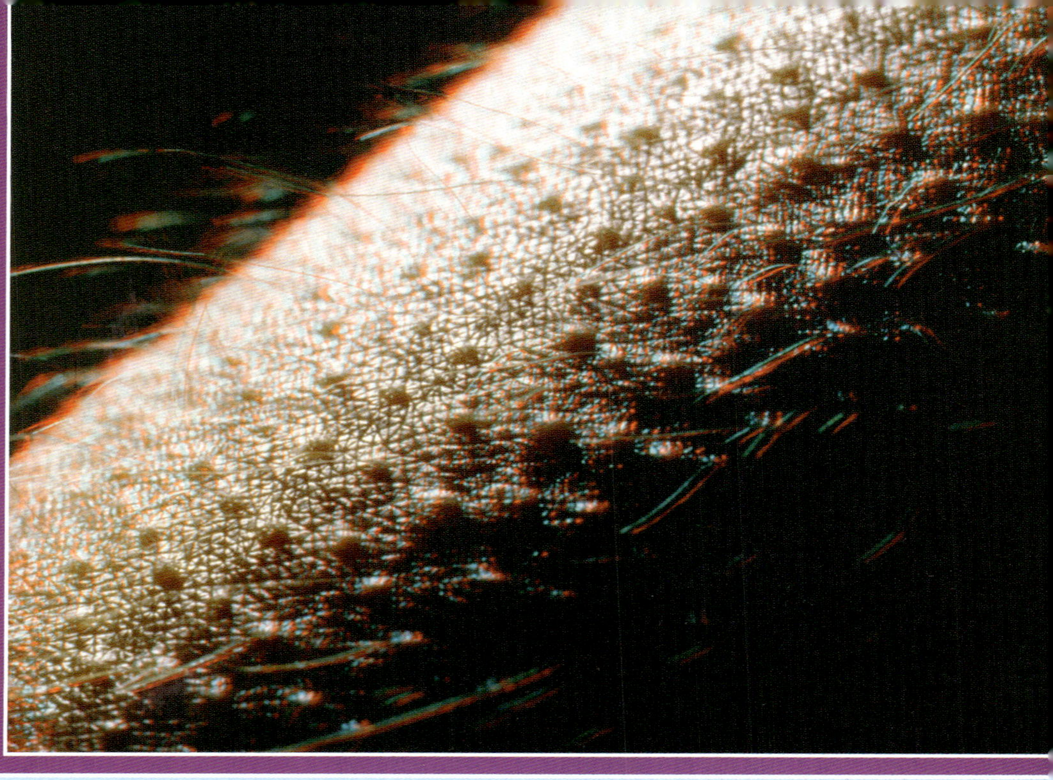

Unsere Haut stirbt ab und erneuert sich ständig – im Hausstaub finden sich viele abgestoßene Hautzellen.

SCHICHT UM SCHICHT

Die Haut besteht aus drei verschiedenen Schichten mit jeweils unterschiedlichen Aufgaben. Die äußere Schicht, die Epidermis, hindert Fremdkörper am Eindringen. In der mittlere Schicht, der Dermis, wird das Haar gebildet. Sie enthält auch die Schweißdrüsen; durch Schwitzen leiten wir überschüssige Wärme nach außen ab. Die unterste Schicht, die Hypodermis, verbindet die Haut fest mit dem Körper. Ohne sie steckten wir in unserer Haut wie in einem Sack. Wie sähe das wohl aus!

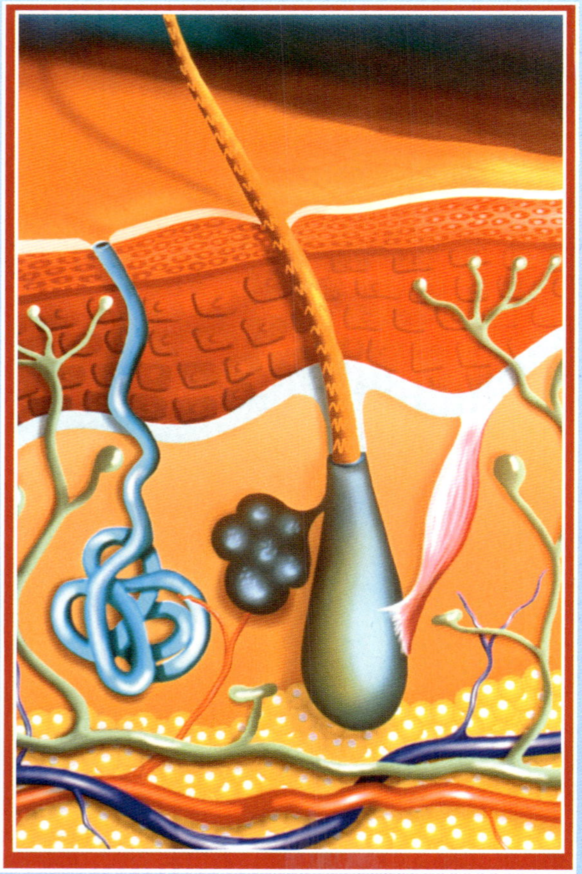

Sinne und Empfindungen

Die Sinne liefern uns Empfindungen: Daten, aus denen wir uns ein Bild von der Welt um uns herum machen. Wir erfahren etwas über die Dinge, indem wir sehen, hören, tasten, riechen, schmecken.

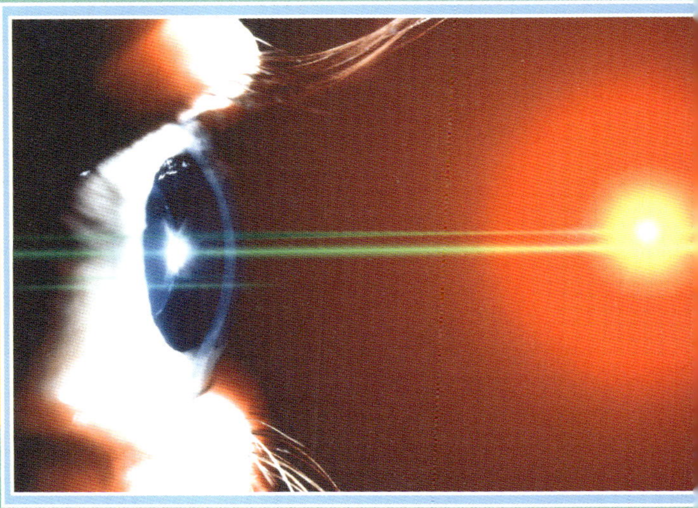

SEHEN

Wenn wir etwas ansehen, ist dies ein komplizierter Vorgang. Der Gegenstand reflektiert Licht, das in unser Auge fällt. Durch die Linse wird es auf die Netzhaut (Retina) geworfen, auf der sich die Sehzellen befinden. Die Lichtreize werden über den Sehnerv an das Gehirn geleitet, das diese zu einem Bild verarbeitet, so dass wir den Gegenstand sehen: räumlich (mit beiden Augen) und in Farbe (sofern es hell genug ist – sonst nur schwarzweiß).

TASTEN

In der untersten Hautschicht liegen Tausende von Nervenenden. Immer wenn etwas irgendwo unserer Haut berührt, sendet diese einen Reiz an das Gehirn. Die meisten berührungsempfindlichen Punkte konzentrieren sich an bestimmten Stellen, wie an den Fingerspitzen oder auf der Zunge. Das ist sehr praktisch. Denn mit den Händen fassen wir die Dinge an, und mit der Zunge prüfen wir unsere Nahrung.

RIECHEN

Der Geschmackssinn liefert uns längst nicht so viele Informationen wie der Geruchssinn. Unsere Nase ist viel empfindlicher und kann Hunderte von Gerüchen unterscheiden. Beide Sinne hängen so eng zusammen, dass das Essen bei verstopfter Nase ganz anders schmeckt als sonst. Wir können uns auch länger an Erlebnisse erinnern, die von Gerüchen begleitet werden – warum auch immer.

Meist ist nur von fünf Sinnen die Rede, doch es gibt weitere: die Fähigkeit, Hitze, Kälte und Schmerz zu empfinden, sowie den Gleichgewichtssinn.

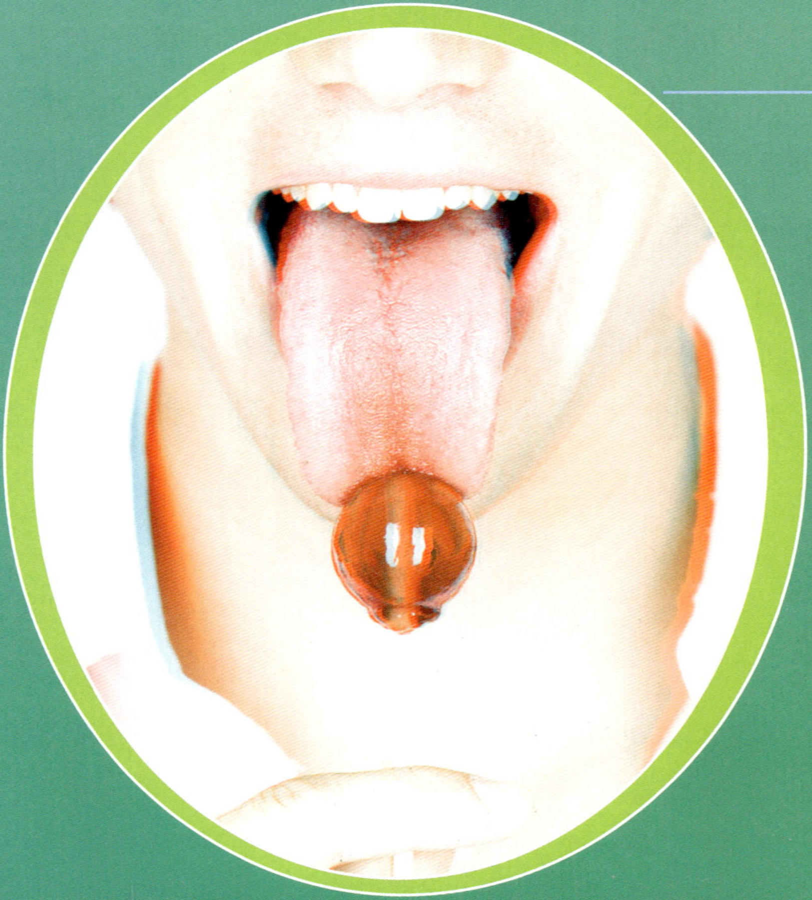

SCHMECKEN

Der Geschmackssinn liegt uns buchstäblich auf der Zunge. Sie ist von winzigen Rezeptoren, den Geschmacksknospen, bedeckt. Diese können nur fünf verschiedene Geschmacksqualitäten auseinanderhalten: süß, sauer, salzig, bitter und umami. Letztere findet sich in Glutamat, das als Geschmacksverstärker vielen Lebensmitteln wie Wurst, Saucen und anderen Fertigprodukten zugesetzt wird.

Der Hirnkasten

Fast sämtliche Körperorgane – selbst das Herz – können eine Zeitlang stillgelegt und durch eine Maschine ersetzt werden, ohne dass der Mensch stirbt. Nur das Gehirn ist unersetzlich. Denn dieses Organ ist es, das alles Übrige im Körper kontrolliert.

TAXI!

Wenn wir denken oder handeln, sind jeweils unterschiedliche Regionen des Gehirns aktiv. Die linke Hirnhälfte ist für Kreativität zuständig, die rechte für logisches Denken. Wenn wir bestimmte Teile unseres Gehirn regelmäßig nutzen, werden diese gewissermaßen immer größer, weil immer mehr Hirnzellen dabei aktiv sind. Bei Taxifahrern etwa wäre das der Bereich, in dem die Straßenverbindungen gespeichert sind.

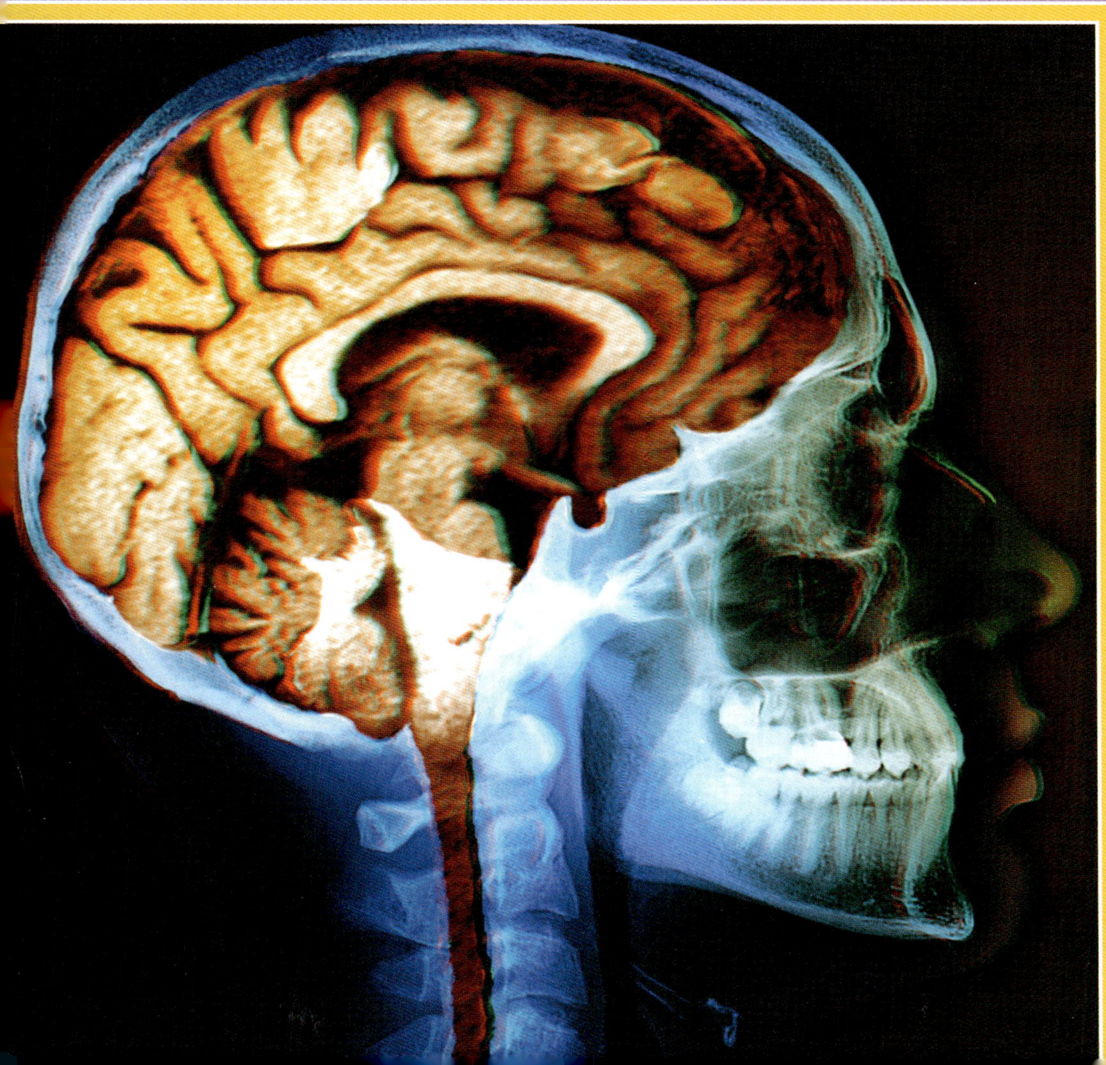

WAS ES TUT

Das Gehirn ist gleichsam das Rechen- und Steuerzentrum unseres Körpers. Dieser Supercomputer verarbeitet alle Informationen, die von den Sinnesorganen hereinkommen. Für das Denken und für die Erinnerung ist es ohnehin allein zuständig. Das Gehirn ist immer aktiv, auch wenn wir schlafen: Es kontrolliert Atmung, Herzschlag, Blutdruck usw. Und wenn wir träumen, ist es so ebenso beschäftigt wie im Wachzustand.

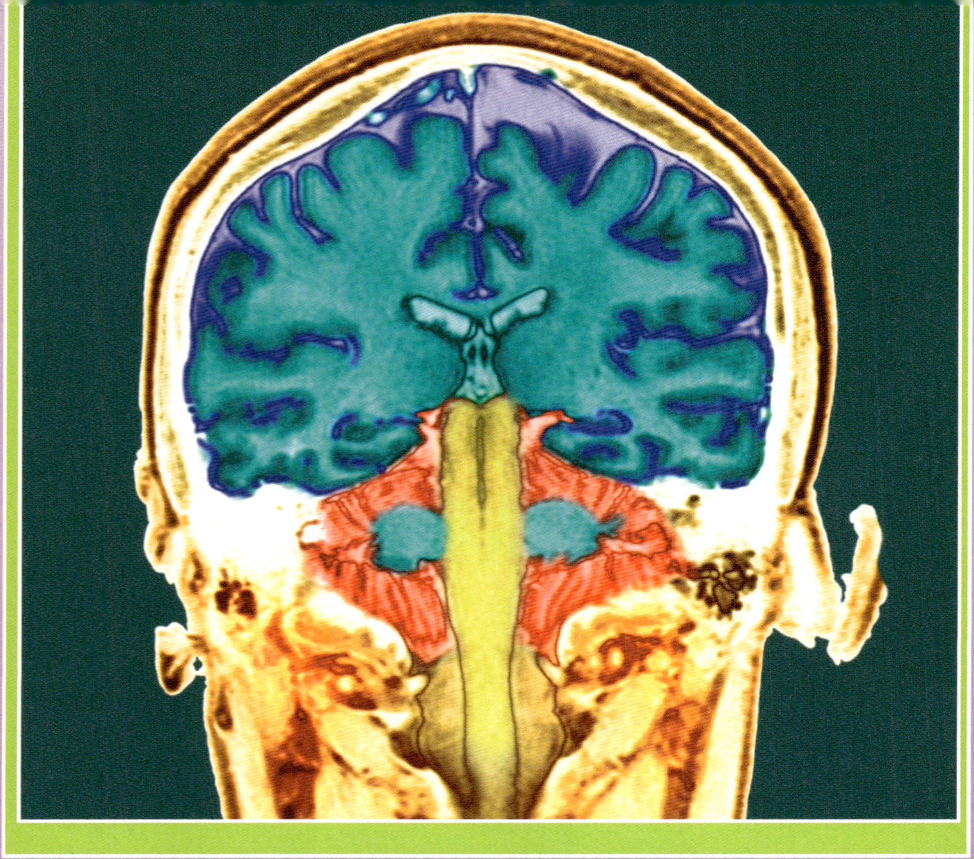

FARBIG

Man weiß auch heute noch nicht genau, wie das Gehirn arbeitet, doch es lässt sich mit bildgebenden Verfahren bei der Arbeit beobachten: Dazu wird das Gehirn einer Versuchsperson gescannt: Die Regionen, die gerade aktiv sind, werden farblich hervorgehoben. „Gedanken lesen" kann man mit diesen Verfahren allerdings nicht.

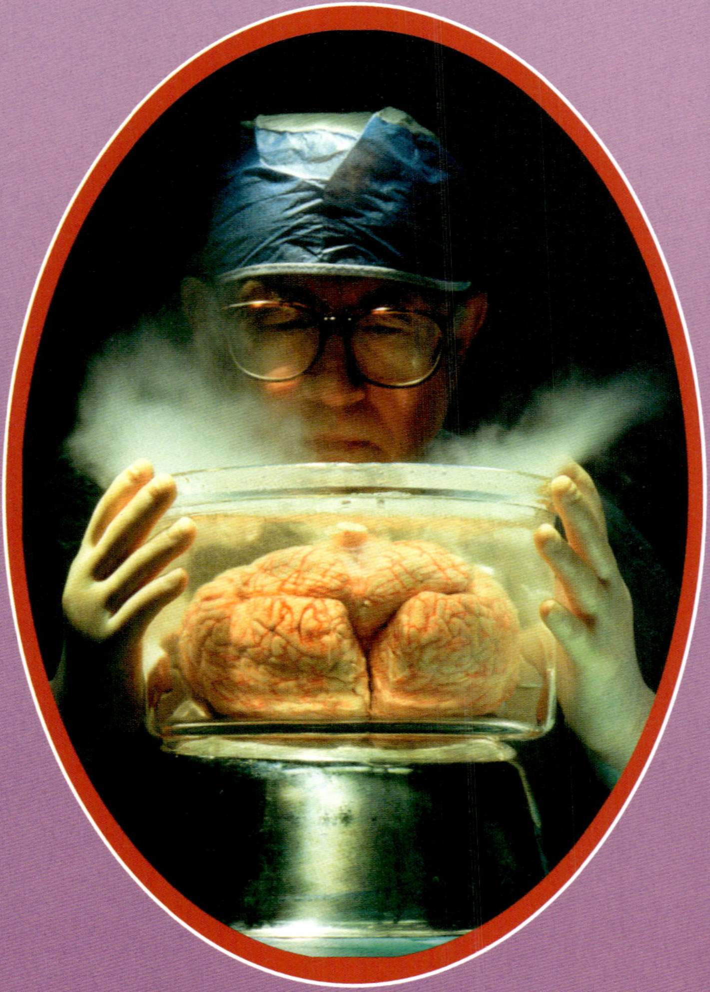

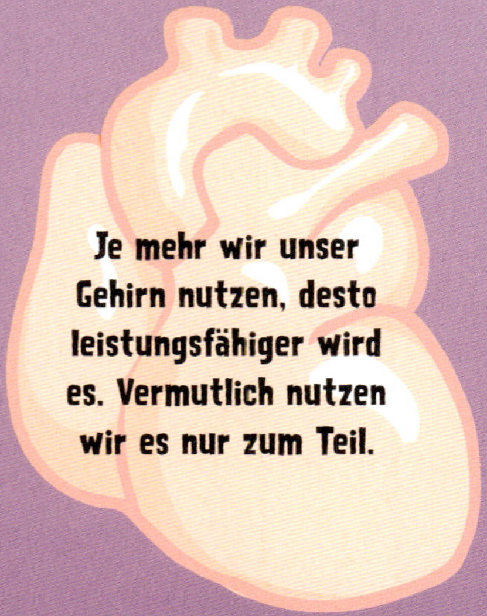

WIE ES AUSSIEHT

Dafür, dass es so wichtig für uns ist, macht das Gehirn äußerlich wenig her. Mit seiner gefurchten Oberfläche ähnelt es einem Pfirsichkern oder einer Walnuss. Es besteht aus drei Teilen. Das Großhirn mit seinen beiden Hälften nimmt den meisten Raum ein. Darunter sitzt das Kleinhirn und zuunterst das Stammhirn. Das Gehirn liegt geschützt im Schädel; weil es von dünnen Häuten und Flüssigkeit umgeben ist, stößt es nicht gegen die Schädelknochen. Trotzdem kann ein heftiger Schlag auf den Kopf das Gehirn erschüttern – einen Computer wirft man auch nicht auf den Boden!

Achtung, Angriff!

Jede Maschine muss regelmäßig gewartet werden. Auch um unseren Körper sollten wir uns kümmern. Ständig muss er Angriffe abwehren; doch die meiste Zeit wissen wir gar nicht, von wo sie kommen.

WIDERLICHE WÜRMER

Die Welt um uns herum ist voller Bakterien, die man aber nicht sieht, weil sie mikroskopisch klein sind. Sie sind wirklich überall, auch in unserem Körper. Manche sind nützlich, weil sie uns beispielsweise bei der Verdauung helfen. Andere können uns krank machen, wenn wir sie erst einmal in uns tragen. Wir können auch winzige Eier verschlucken, aus denen Würmer schlüpfen, die in unserm Darm alles haben, was sie brauchen. Manche kommen nachts ein Stück aus dem After heraus und legen ihre Eier ab.

DRAUSSEN BLEIBEN!

Mit Krankheitserregern wird unser Körper auf verschiedene Weise fertig. Am besten lässt er sie gar nicht erst in sich eindringen. Die Haut bildet dabei sozusagen die erste Verteidigungslinie. Doch es gibt weitere natürliche Barrieren. In der Nase und im Hals haben wir ein Gewebe, das Schleim produziert. Dieser fängt Bakterien ab, die wir mit der Luft einatmen. Mit dem Schleim werden dann auch die Bakterien ausgeschieden, z.B. wenn wir uns die Nase putzen.

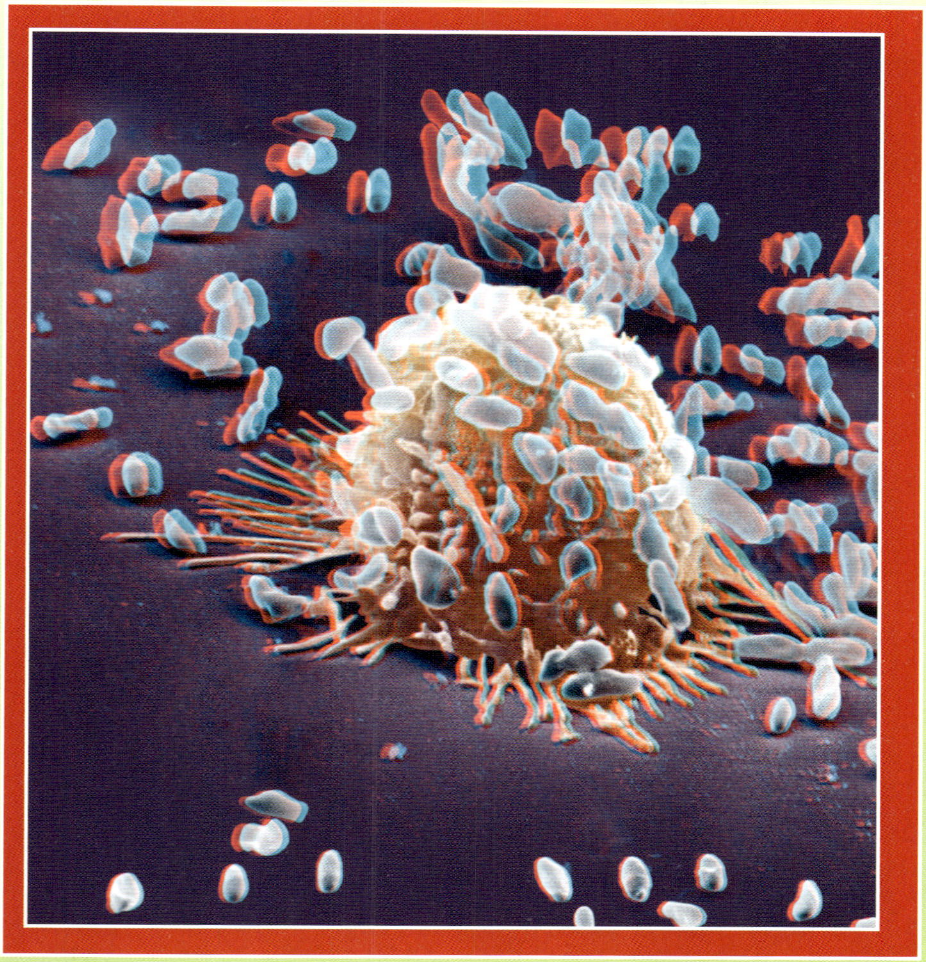

WEISSE BLUTKÖRPERCHEN

Trotz aller Hindernisse gelangen immer krankmachende Bakterien ins Körperinnere. Dann aber kommt das Blut ins Spiel. Es enthält rote und weiße Blutkörperchen; die roten transportieren Sauerstoff, die weißen dienen als eine Art Polizei. Sie warten auf schädliche Bakterien und bekämpfen diese, indem sie sie einfach auffressen.

Am einfachsten und wirksamsten schützt man sich vor Bakterien durch regelmäßiges Händewaschen.

GESUND UND FIT BLEIBEN

Obwohl unser Körper gut selbst auf sich achtgibt, müssen wir uns um ihn kümmern. Wer sich selbst gut behandelt, fühlt sich auch gut. Es ist nicht schwer: Obst und Gemüse, möglichst frisch, liefern uns genügend Vitamine. Regelmäßiges Training stärkt Lunge, Herz und Kreislauf. Ausreichend Schlaf stärkt Konzentration und Gedächtnis. Sind wir ausgeschlafen und fit, können uns Krankheiten viel weniger anhaben. Wer etwas für Gesundheit und Wohlbefinden tun möchte, sollte gleich anfangen!

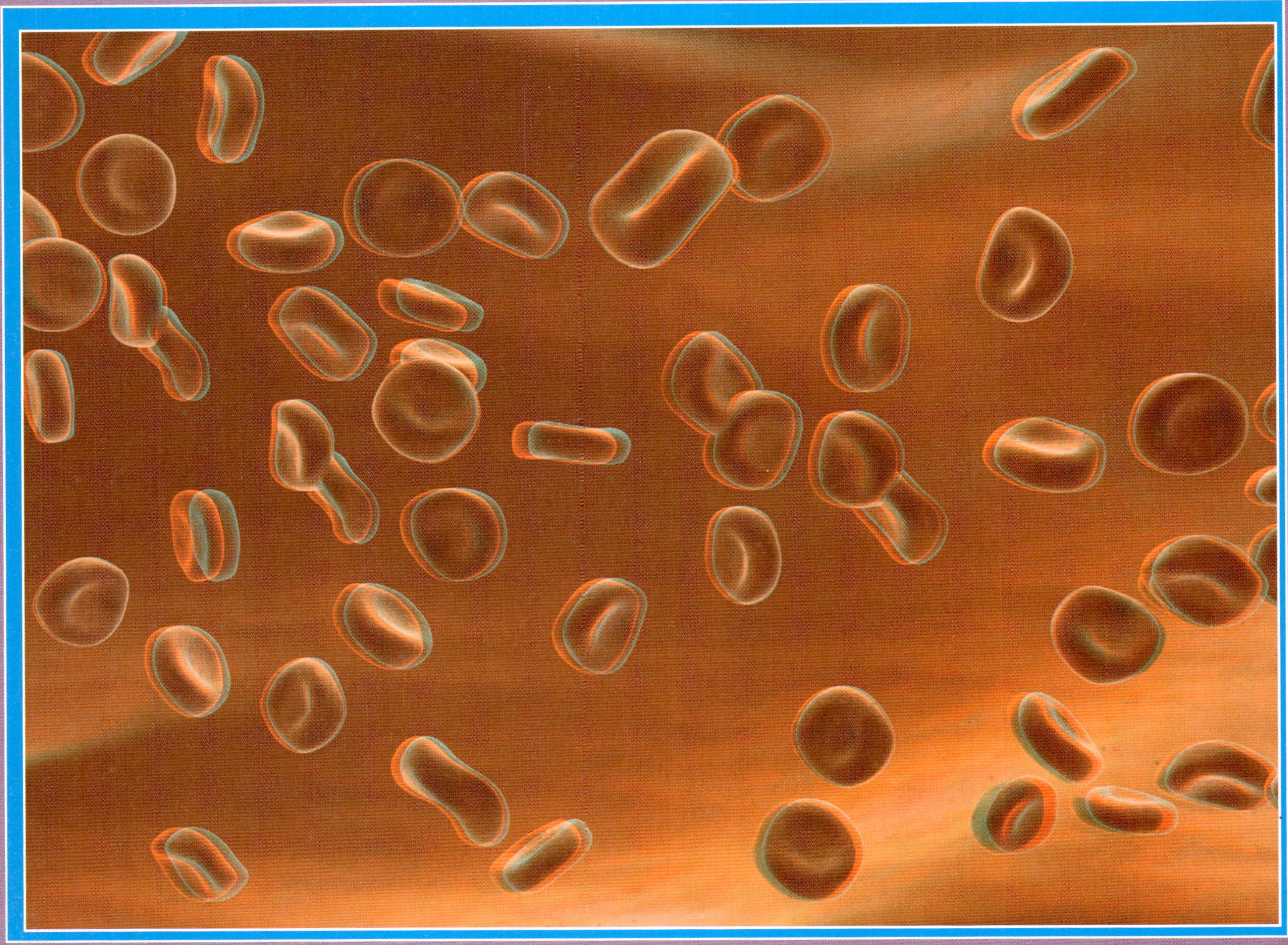

Bildnachweis:
Corbis: Seite 2, oben und unten; Seite 11, unten;
Seite 14, unten links.
Getty Images: Seite 4, links; Seite 6, oben und unten;
Seite 15, unten rechts.
Nature Picture Library: Seite 10, unten links.
Rex Features: Seite 3, unten; Seite 8, unten.
Science Photo Library: Seite 4, rechts; Seite 5, oben links;
Seite 7, oben und unten; Seite 9, oben und unten;
Seite 10, oben rechts; Seite 12; Seite 13, oben und unten;
Seite 14, oben rechts; Seite 15, oben links.
3D-Bilder von Pinsharp 3D Graphics

PREMIO ist ein Imprint der Arcturus Publishing Limited, London,
und der Premio Verlag GmbH, Münster

Autoren: Heather Amery, Chris Coode, Lynn Gibbons Paul
Gestaltung: Leah Kaloty, Susi Martin, Talking Design, Ian Thompson
Herausgeber: Anne Fennell, Paula Field, Rebecca Gerlings, Fiona Tulloch

Printed in China 2008
ISBN 978-3-86706-071-4

www.premio-verlag.de